# MIEUX VENDRE AVEC LA PNL

## des stratégies pour convaincre

## DU MEME AUTEUR

## CHEZ LE MEME EDITEUR

*COMPRENDRE LA PNL :*
*La programmation neurolinguistique, outil de communication*
*(1986).*

*MAITRISER L'ART DE LA PNL :*
*Programmation neurolinguistique (1988).*

*MEMENTO :*
*La PNL (1988).*

Catherine CUDICIO

# MIEUX VENDRE
# AVEC LA PNL

## des stratégies pour convaincre

LES ÉDITIONS D'ORGANISATION

## AUX ÉDITIONS D'ORGANISATION

Raymond Chappuis et Jean Paulhac
- **La communication interne : vers l'entreprise transparente**

Olivier Clouzot et Annie Bloch
- **Apprendre autrement : 7 clés pour le développement personnel**

Jean-François Decker
- **Reussir son développement personnel et professionnel**

Thomas Devers
- **Communiquer autrement**

Paul Hersey
- **Le leader situationnel**

Gérard Layole

**Dénouer les conflits professionnels**

Armel Marin et Pierre Decroix

**L'art subtil du management le jeu de Go comme modèle**

Bernard Missenard

**L'art de négocier en affaires**

Isabelle Orgogozo
- **Les paradoxes de la communication**

ISBN : 2-7081 1055-1

# SOMMAIRE

# AVANT-PROPOS

# Communication et P.N.L.

Actuellement, quand nous parlons de communication dans un contexte de formation et de développement personnel ce terme tend de plus en plus à s'associer à la Programmation Neurolinguistique ou P.N.L., discipline de communication fondée aux USA dans les années 70.

Le mot **Programmation** recouvre le fait que nous créons, appliquons et répétons des « programmes » comportementaux. Ce mot souligne également la comparaison souvent faite entre l'ordinateur et le cerveau humain. Le mot **neurolinguistique** concerne l'aspect neurologique, c'est-à-dire le traitement par le système nerveux des données issues de la perception et qui entraîne un état intérieur spécifique. L'expression de cet état intérieur spécifique est le comportement extérieur verbal et non verbal évoqué par le terme « linguistique ».

Parce qu'elle est directement issue de l'expérience, la P.N.L. représente un remarquable outil de communication qui permet vraiment de savoir ce qui se passe dans une interaction, et, à partir de là de reproduire les comportements efficaces.

La P.N.L. s'applique à deux tâches : comprendre l'interaction et l'expérience subjective en termes de structure. Elle a donc développé un moyen de codage de ces expériences.

Dans une démarche de P.N.L., on ne porte aucun jugement de valeur et on n'effectue aucune interprétation à propos d'un comportement observé, c'est pourquoi, d'emblée nous prévenons l'amateur qu'il ne trouvera pas en étudiant la P.N.L. de recettes toutes prêtes pour « deviner » ses interlocuteurs.

En effet, il n'y a aucune notion d'évaluation ou de valeur particulière dans le fait d'observer, par exemple, que notre interlocuteur tend à se servir davantage d'un de ses sens que des autres. En P.N.L., on dira que cette personne est plutôt visuelle, auditive ou encore kinesthésique (1) selon qu'elle sélectionne pour s'exprimer les éléments qu'elle voit, entend ou sent.

Quand nous savons que nous avons en face de nous une personne visuelle par exemple, cela nous permet de choisir les mots qui lui permettront de « voir » ce que nous lui expliquons, cela nous incite à lui montrer des schémas, des plans, des échantillons plutôt que de lui faire de longs discours.

La P.N.L. offre de nombreux modèles permettant de s'adapter au mieux à nos différents interlocuteurs.

Le but de cette démarche c'est de comprendre nos interlocuteurs de manière à mieux nous faire comprendre d'eux. Lorsque nous sommes capables d'observer un comportement ou une séquence de comportements, c'est-à-dire un programme qui se répète, ceci nous donne des points de repère essentiels.

Le philosophe américain Gregory Bateson dit que communiquer c'est apprendre à prévoir. Il est vrai que lorsque nous disons connaître quelqu'un c'est que nous sentons capable de prévoir la plupart de ses réactions dans des situations données. La précision de la P.N.L. donne les moyens d'aller très vite dans la compréhension et l'observation des éléments significatifs de l'expression de nos interlocuteurs.

C'est quand nous avons un objectif précis à atteindre dans une relation que les techniques de la P.N.L. prennent toute leur valeur. Un des terrains d'application favoris de la P.N.L. est la vente, ou dans un sens plus large la persuasion.

Quand nous parlons de vente, nous évoquons les situations d'interaction où l'un des interlocuteurs cherche à convaincre l'autre (qui ne demande généralement qu'à l'être en dépit du fait que le vendeur croit souvent le contraire !) de s'intéresser à ce qu'il lui propose : produit, idée, service.

**Quelques idées de base dessinent le cadre de notre action :**
— la vente c'est une double compétence : connaissance du produit, maîtrise de la relation.
— nous vendons en fonction des critères de nos clients et aussi des nôtres.

Dans bien des cas, les vendeurs croient qu'ils vendent un produit et à partir de là s'appliquent à trouver de multiples arguments en faveur de celui-ci. Ils oublient alors le client. Ils oublient qu'ils sont en train de vendre quelque chose à quelqu'un.

---

(1) Kinesthésique : les perceptions que la P.N.L. groupe sous le terme kinesthésique sont les perceptions tactiles, gustatives, olfactives ainsi que les sensations internes.

Ils restent au stade de vendre quelque chose sans passer au stade de vendre quelque chose à quelqu'un !

Par ailleurs, à chaque produit s'associent des qualités ou des défauts qui viennent soutenir ou affaiblir des critères. Par exemple, quand nous vendons des aspirateurs nous vendons en fait de la propreté, quand nous vendons des assurances, nous vendons de la sécurité. Cela implique que si nous ne croyons pas que notre produit est bon nous serons à jamais incapables de le faire croire au client. Cela implique aussi d'être capable de s'élever un peu au-dessus du débat et de se poser des questions telles que :

— quelle est la fonction de mon produit ?
— en quoi est-il utile au client ?

Une autre implication consiste à réaliser que le client doit « rêver : en fonction de ces critères et que dans ce « rêve » il associe une image positive de lui en tant que possesseur ou utilisateur du produit. Cet aspect rêve recouvre la réalité tant de fois observée et qui montre que nous n'achetons pas par raison, mais en fonction de nos émotions et de la capacité créative que le vendeur sait déclencher en nous. Après coup, nous trouvons de bonnes raisons pour justifier nos achats, mais la décision d'achat relève dans la majorité des cas de facteurs subjectifs.

Au cours d'un stage, une des participantes nous raconta cette anecdote : « Il y a quelque temps, j'avais été tentée d'acheter une robe que j'avais vue dans une vitrine. J'entre dans la boutique, essaie la robe qui m'allait assez bien mais je n'étais pas totalement convaincue de l'acheter. La vendeuse me dit alors en me regardant : elle vous va vraiment bien, elle met votre silhouette en valeur.

Je me regarde dans la glace en pensant à ce qu'elle vient de me dire et cela me décide presque à déclarer « je la prends » quand, malencontreusement elle ajoute : elle a des poches !

Incapable de relier « mettre ma silhouette en valeur » avec « elle a des poches », je retourne vers la cabine d'essayage cette fois totalement guérie de mon envie de robe !

Que s'est-il passé ? La vendeuse avait réussi à faire « rêver » sa cliente en lui disant que la robe mettait sa silhouette en valeur, et au lieu de poursuivre sur ce registre en rapport avec ses critères elle a changé de niveau en avançant un argument technique « connaissance du produit » (les poches) ; soit dit en passant cet argument demeure valide, mais pas dans le contexte que nous venons d'évoquer.

Quand nous faisons « rêver » le client, nous nous situons au niveau de ses critères personnels, nous travaillons au niveau de la relation et notre attention se porte sur ses réactions. Tandis que lorsque nous avançons des arguments techniques nous nous situons au niveau de la « connaissance du produit ». Pour arriver à conclure la vente, à emporter la conviction du client, nous devons avancer les arguments techniques dans la mesure où ceux-ci viennent en tant que preuve matérielle du critère qui les a fait rêver et lui serviront à justifier par la raison sa décision.

Si vous rêvez de vitesse en achetant une voiture, le vendeur cassera votre envie d'acheter en vous parlant du rembourrage des sièges, mais en vous montrant à travers vos préférences sensorielles les prouesses techniques de la mécanique il ira dans le sens de votre critère et vous convaincra.

Ce n'est qu'en comprenant la structure de la communication que nous pouvons faire la différence entre les niveaux et, par là-même atteindre nos objectifs. La P.N.L. nous y aide car elle met l'accent sur l'observation et ce faisant elle nous incite à détecter dans la communication les indices qui nous permettent de savoir à quel niveau nous travaillons.

Nous avons conçu cet ouvrage comme un manuel pratique et une collection de références. Exemples, exercices, jeux, tests et jeux de rôles proposent aux lecteurs des moyens de s'exercer et de développer leurs aptitudes en mettant en pratique les données théoriques et techniques. D'autre part, dans le cadre des formations de vendeurs, l'aspect pratique permet à l'animateur de trouver de nombreuses activités propres à éveiller ou réveiller les ressources de ses stagiaires. D'un autre côté, nous avons délibérément choisi de rejeter l'aspect anecdotique qui caractérise de nombreux ouvrages sur la vente. S'il est toujours tentant de citer des exemples spectaculaires, qui peuvent encourager car chacun se dit qu'il peut en faire autant, ils apprennent en fait que fort peu de choses. Ils permettent simplement de s'identifier avec leurs acteurs. Ici, nous nous plaçons plutôt dans la perspective d'offrir au lecteur des moyens efficaces pour analyser et reproduire les modèles de compétence, aussi bien les siens pour une meilleure connaissance de soi, que ceux des autres qu'il souhaite ajouter à ses aptitudes personnelles.

# Chapitre I

# LE CONTEXTE
# DE LA VENTE

## 1 – Quel type de vente, quels vendeurs ?

Dans cet ouvrage, nous nous attachons à étudier la vente dans les situations suivantes : vente en magasin, visite de clientèle, et à envisager cette activité du point de vue de l'animateur d'une équipe de vente, de celui du vendeur ou du représentant, et de celui du commerçant ou prestataire de service.

Ce qui nous intéresse ici, c'est l'activité-vente qui s'inscrit dans une relation directe client/vendeur, c'est pourquoi nous n'envisageons pas les situations de relation indirecte telles que la vente par correspondance, ou par serveur télématique ainsi que celle où le client, seul, choisit et achète les produits dont il a besoin comme dans les grandes surfaces. Dans ces cas, il s'agit plutôt de distribution que de vente au sens où nous l'entendons. Nous pensons qu'une réflexion sur la communication guidée par les techniques PNL serait certainement profitable à ces types de distribution, mais comme disent les conteurs, ceci est une autre histoire.

Quelle que soit la forme de vente, nous pensons que ce qui fait la qualité de la vente, c'est la qualité de la relation entre le vendeur et le client. La qualité du produit compte aussi à un autre niveau, en particulier celui de la perception subjective du produit qui détermine ensuite l'attitude du vendeur dans sa façon de le présenter. Nous voulons travailler l'activité « vendre à quelqu'un » associée à « vendre un produit », car nous remarquons que le fait d'être totalement concentré sur la façon d'argumenter le produit conduit le vendeur à « oublier » le client.

## 2 – La notion de territoire

Qu'il s'agisse d'une relation où le client vient vers le vendeur ou d'une relation où le vendeur visite le client, elles relèvent des mêmes techniques mais diffèrent d'une façon majeure ; dans le premier cas la vente se situe sur le territoire du vendeur, dans le second cas, sur celui du client. Ceci importe beaucoup, il faut le savoir, dans le sentiment de confiance en soi des interlocuteurs.

Comme le montre Edward T Hall dans ses ouvrages, certains lieux représentent pour nous des territoires de sécurité ou d'insécurité. Il en résulte que, si nous agissons sur le territoire d'un client (cas du représentant, du délégué) nous nous trouvons subjectivement dans une certaine situation d'insécurité alors que, lorsque nous accueillons un client dans notre lieu de vente (commerçant) c'est le contraire qui se produit. Ceci nous incite à souligner qu'il est essentiel de « sécuriser » le client qui se présente à notre bureau ou dans notre magasin, et c'est là que les techniques de la PNL revêtent toute leur utilité.

Dans le cas de la visite de clientèle, cette exploitation de la territorialité est parfois également entretenue par l'attente, c'est notamment le cas du délégué médical, mais aussi celui du représentant qui rencontre le commerçant dans le magasin. Dans un cas comme dans l'autre, l'attente signifie au vendeur, au délégué, qu'il est perçu comme une préoccupation secondaire son client faisant passer avant lui les affaires urgentes ! Le vendeur n'est pas toujours conscient de cela et, ce faisant, il développe à son insu en réaction certains comportements agressifs destinés en principe à le protéger, mais qui en fait renforcent la situation d'infériorité — en la confirmant — dans laquelle il est placé.

Quand il s'agit de visite de clientèle, le vendeur a tout intérêt à amener son client sur un territoire qu'il « emprunte » et fait sien le temps de son action. Ceci s'illustre tout particulièrement dans la vente à domicile pratiquée essentiellement en milieu rural et habitat pavillonnaire. Le vendeur se déplace de village en village, frappe aux portes et tente d'attirer le client vers sa boutique roulante. Quand il s'agit de vente de vêtements, l'idéal est que la personne ne les essaie pas (elle connait sa taille ou elle achète pour quelqu'un d'autre) ou les essaie dans le véhicule. Dès l'instant où la personne rentre chez elle, elle revient sur son territoire de sécurité et la relation avec le vendeur se modifie. La présence du vendeur peut alors être perçue comme une intrusion dans le territoire du client ce qui ne facilite pas les choses.

Ceci n'influe pas forcément sur la conclusion de la vente, cependant, le fait de changer de territoire plusieurs fois au cours de l'entretien oblige le vendeur à faire preuve de davantage de souplesse. Il est en principe plus aisé de conclure la vente sur le territoire du vendeur plutôt que sur celui du client où son attention et son intérêt peuvent être détournés.

Pour les situations de porte à porte, on explique aux démarcheurs qu'ils doivent reculer d'un pas lorsque la porte s'ouvre, dans le double but, de montrer du respect pour la personne car on ne viole pas son espace, et de la faire légèrement sortir de son territoire de sécurité. Le prospect qui franchit le seuil de sa porte manifeste par ce simple mouvement une attitude de curiosité ou d'intérêt. La PNL nous apprend que les comportements sont liés aux états intérieurs, mais aussi que le comportement peut produire des états intérieurs spécifiques. Pour nous en convaincre, essayons d'éprouver un sentiment d'assurance en nous recroquevillant au fond d'un fauteuil, la tête bien rentrée dans les épaules !

Il s'agit donc pour le vendeur de prendre conscience des conditions particulières de l'exercice de son activité, et de la façon dont l'espace où il travaille est occupé car il doit en tenir compte s'il veut atteindre ses objectifs.

Pour souligner ce propos, jetons un coup d'œil sur les vitrines des magasins : actuellement, certaines sont disposées de telle sorte qu'on ne sait plus très bien à partir d'où on est à l'intérieur ou à l'extérieur de l'établissement ! La frontière entre l'extérieur (le territoire du client) et l'intérieur (le territoire du vendeur) est parfois difficile à voir si bien qu'en regardant les vitrines le client se trouve bientôt dans le magasin et se met ainsi en position d'acheteur éventuel. Une vitrine attrayante est d'ailleurs faite précisément pour cela.

La notion de territoire fait partie des acquisitions informelles que nous mettons en pratique sans avoir l'impression de les avoir apprises, il en va de même pour la perception subjective du temps. Le temps paraît long ou court selon de multiples critères. Quand nous nous trouvons sur notre territoire, nous nous sentons en position de force pour autant que celui-ci ne nous semble pas menacé d'invasion ! Nous connaissons tous des personnes qui donnent l'impression de se sentir à leur aise partout, elles s'approprient provisoirement les territoires où elles se trouvent.

Quand nous disons à un invité « faites comme chez vous », nous signifions que nous acceptons de partager notre territoire avec lui.

Quand le représentant demande la permission d'accrocher son pardessus au porte-manteau, il sollicite en fait le droit de partager le territoire de son client. S'il s'étale en posant ici et là des objets ou des documents, il sera perçu comme « envahissant ».

Ce qu'il faut retenir, c'est que le territoire dans lequel nous agissons influence à notre insu notre comportement. Quand nous en prenons conscience, nous pouvons mieux en tenir compte et nous adapter en fonction de cela.

### 3 – Pourquoi la PNL s'applique-t-elle à la vente ?

La PNL s'applique particulièrement bien à la vente car elle permet de mettre à jour la structure de la communication et celle de notre vécu subjectif. Elle a développé de nombreux modèles initialement destinés à la psychothérapie mais qui, après quelques adaptations, se révèlent d'une grande efficacité chaque fois que dans une interaction nous avons besoin d'atteindre un objectif.

Atteindre un objectif, cela signifie dans la vente convaincre le client d'acheter. Parfois, les vendeurs se désespèrent et disent que les gens n'achètent pas, en fait, ils devraient plutôt retourner l'affirmation et dire qu'ils ne leur vendent pas. Nous rappelons que nous parlons d'une relation, il n'y a pas donc pas de sens unique mais des échanges, un client qui se sert lui-même et se présente à la caisse sous le regard morne d'un vendeur peu concerné représente sans nul doute la dernière chose qu'on puisse appeler « vente ». A l'heure où une concurrence de plus en plus sévère se développe, nous devons travailler à entretenir et enrichir la qualité de la relation avec nos clients si nous voulons les conserver. Il est évident que ceci ne suffit pas, la qualité du produit et la compétence à ce niveau du vendeur sont autant de conditions incontournables de la réussite.

La PNL nous apprend que dans la vente il s'agit de mettre tout en œuvre pour faire en sorte qu'en achetant notre produit, le client atteigne son objectif. Le vendeur atteint le sien quant à lui lorsqu'il a su satisfaire les critères du client et conclure l'échange. Ce n'est pas toujours chose aisée car l'objectif exprimé n'est pas toujours l'objectif réel du client et qu'il s'agit de le comprendre pour parvenir à le satisfaire.

Pour comprendre nos interlocuteurs, nous avons besoin d'un outil dont nous disposons tous mais que nous n'utilisons que très faiblement : il s'agit de notre sens de l'observation. A ce niveau, la PNL donne des moyens d'apprendre à optimiser l'utilisation de nos sens. D'après la théorie cybernétique de Wiener (voir sa présentation par Yves Wikin « la nouvelle communication », et son utilisation par Paul Watzlawick et les penseurs de l'école de Palo Alto) dans tout système, la pièce qui a le plus de choix (différents programmes), est la pièce maîtresse de ce système. La PNL transpose cette théorie aux comportements humains, et nous enseigne comment enrichir nos possibilités comportementales dans un but d'adaptation et d'atteinte de nos objectifs.

La vente est surtout une question d'intuition affirment à juste titre de nombreux observateurs. Nous nous posons cependant la question de savoir ce qu'est l'intuition, et si nous interrogeons des personnes qui nous paraissent intuitives, elles nous répondent souvent qu'elles ne savent pas comment elles font pour faire preuve de cette qualité. De la même façon, certains vendeurs parmi les plus doués tentent d'expliquer leur talent en prétendant posséder un don ou une sorte de pouvoir un peu magique, fragile et capricieux, qu'il pourrait même être dangereux, selon eux, d'analyser, à l'image de la magicienne qui perd ses pouvoirs en découvrant l'amour !

Nous appliquons dans nos activités, des stratégies dont nous n'avons pas conscience, après coup, nous rationalisons les résultats obtenus qu'ils soient perçus comme des échecs ou des succès.

La PNL apporte les moyens de comprendre la structure même de l'intuition ou d'autres qualités en observant le comportement et en mettant à jour les étapes qui le constituent. En effet, la plupart des personnes qualifiées d'intuitives commencent par observer de multiples aspects de leurs interlocuteurs (tout ce qui est accessible à la perception sensorielle : voir, entendre, sentir) puis effectuent des comparaisons de compatibilité entre leurs observations (le sens des mots est-il en accord avec le ton de la voix, par exemple), et enfin trouvent des réponses à des questions précises qu'ils se posent à propos de cette personne.

Ce qu'il faut toujours se rappeler si l'on veut développer son intuition c'est que la personne donne consciemment ou non tous les éléments nécessaires pour répondre aux questions que l'on se pose à son sujet, mais que nous ne savons pas les reconnaître étant le plus souvent occupés à chercher ce que l'on va répondre ou encore à interpréter ce que l'on vient d'entendre. Nos interlocuteurs expriment leur objectif et dévoilent leurs critères de multiples manières, or, notre culture nous a appris à ne retenir comme pertinent que la signification intellectuelle des mots c'est pourquoi le plupart du temps nous ne voyons ni n'entendons rien d'autre.

Tout comportement possède une structure faite d'étapes et de caractéristiques que la PNL nous enseigne à découvrir. Pour la personne qui applique la PNL, la relation avec les autres devient alors une passionnante découverte et une source constante d'enrichissement.

La PNL nous propose d'apprendre à observer systématiquement étape par étape les moyens d'expression de nos partenaires, elle nous enseigne à utiliser nos sens, à intégrer des informations que nous n'avons pas l'habitude de prendre en compte consciemment dans nos relations avec les autres. Par exemple, le modèle dit des « clés d'accès visuelles » nous renseigne avec une grande précision sur les moyens de perception sensorielle dominants de nos partenaires, et sur la façon dont ils sont utilisés en séquence dans différentes activités telles que la prise de décision, la mémorisation ou la créativité. La façon dont nos interlocuteurs réfléchissent, traitent les informations pour faire un choix s'inscrit dans leurs mouvements oculaires involontaires : les clés d'accès visuelles. Il suffit alors à l'observateur de se souvenir des étapes de cette séquence pour en réutiliser la forme lorsqu'il voudra présenter des arguments convaincants.

Cette façon de procéder est typique de la PNL, elle se fonde sur une évidence qui affirme qu'il est beaucoup plus facile de comprendre ce qui nous est déjà familier. Quand on veut présenter des arguments convaincants à quelqu'un, il s'agit de le faire en respectant la séquence et les modalités sensorielles qu'il suit habituellement pour se convaincre. Certains d'entre nous, peut être convaincus ont besoin de voir quelque chose écrit noir sur blanc, pour d'autres la confiance peut suffire, pour d'autres encore la conviction est une question d'expérience personnelle.

La PNL s'appuie sur certaines données dont il est utile de se souvenir dans tout processus de communication. En particulier, la notion de carte de la réalité différente pour chaque individu. A travers notre perception, notre histoire personnelle, notre culture nous développons au cours de notre évolution une façon d'appréhender la réalité qui nous est personnelle, ainsi, les mêmes mots n'ont pas toujours le même sens selon qui les emploie. Deux personnes impliquées dans le même événement n'en restitueront pas les mêmes versions dans leur mémoire parce qu'elles auront une interprétation différente.

Bien entendu, nous trouvons des généralités et des points communs entre les individus ce qui nous permet de prévoir dans une certaine mesure l'impact de nos comportements sur les autres, mais, ce dont nous sommes certains c'est que nous sommes subjectivement différents les uns des autres, chaque personne est unique. Ceci a pour conséquence de nous mettre en garde contre des généralisations hâtives exclusivement fondées sur notre propre expérience. C'est une façon d'être tolérant et respectueux des autres que de savoir tenir compte des différences individuelles, de reconnaître que les gens que nous côtoyons ont parfaitement le droit d'avoir des goûts, des opinions, des perceptions différentes des nôtres. Malheureusement, quand il y a un conflit ou un échec dans la communication nous constatons que, dans la majorité des cas l'une des personnes impliquées a agi comme si l'autre avait les mêmes critères et les mêmes perceptions qu'elle.

Les bons vendeurs savent très bien qu'ils doivent pour réussir se mettre à la portée de tous leurs clients, la vente est en effet un métier qui requiert une grande souplesse de comportement. Chaque client est différent et cela signifie que tous les arguments en faveur d'un produit ne seront pas reçus ni mêmes perçus de façon identique selon les clients. Quand un vendeur apprend par cœur son argumentaire et le ressasse tel que à tous les clients qu'il rencontre, il ne vend qu'à ceux qui acceptent de se laisser convaincre par un robot et se prive de la clientèle de tous les autres, même si l'argumentaire est bien construit.

Quand nous travaillons dans le sens de la PNL, nous cherchons à développer les qualités individuelles de chacun tout en lui apprenant à respecter les autres, ces deux aspects sont d'ailleurs très liés car on ne peut faire confiance aux autres que si l'on a confiance en soi et en ses propres qualités.

L'expérience montre que les clients ne prêtent aucune attention à des arguments qui ne concernent par leurs critères. Ainsi un client qui met à la première place dans sa hiérarchie de critères la robustesse du matériel qu'il veut acheter, ne nous écoute pas quand nous lui vantons la beauté de l'objet même si nous trouvons cela important. De plus si nous nous attardons sur des arguments qui ne concernent pas le client, il peut à juste titre penser que nous ne répondons pas à sa demande et nous contentons de lui débiter un discours standard bon pour tout le monde qui ne tient pas compte de sa personne.

Les différences individuelles s'inscrivent cependant dans des cadres communs, c'est-à-dire que l'on peut arriver à distinguer parmi les personnes que nous rencontrons des comportements similaires. La PNL nous donne alors les moyens d'observer ces comportements, de les reconnaître et de les classer selon leur appartenance à une grande catégorie désignant des comportements. Même si nous nous reconnaissons dans certains types de comportements et de personnalités, il est faux de croire que l'on peut définitivement ranger les gens dans des catégories rigides, de même qu'il est faux de croire que les mêmes gestes ont la même signification chez des individus différents.

Au cours des stages sur la vente et la PNL, de nombreux vendeurs demandent de telles recettes, nous leur expliquons qu'elles n'existent pas (si elles existaient cela se saurait) et que, pire encore, s'il utilisent des comportements stéréotypés ils se placent eux mêmes dans une boîte rigide dûment étiquétée. A des questions telles que « qu'est-ce que cela signifie quand le client croise les bras ? » nous répondons par une série de questions :

— qu'a-t-il fait avant ?
— qu'avez vous remarqué d'autre dans son comportement ?
— que disiez vous à ce moment ?
— à quel endroit de la pièce vous trouviez-vous ?, etc...

Bien d'autres questions pourraient également nous venir à l'esprit, notre objectif ici, c'est de faire prendre conscience au vendeur qu'un comportement qu'il observe chez son client s'inscrit toujours dans un contexte, à au moins deux niveaux : le contexte personnel du client, celui de l'échange ou de l'interaction.

En résumé, retenons que la PNL parce qu'elle apporte des moyens de persuasion représente un atout indispensable à tous ceux qui souhaitent développer leurs qualités de vendeur.

## 4 – La double compétence de la vente : connaissance produit/compétence relation.

On lit souvent dans de nombreux ouvrages sur la vente et l'idée en est largement répandue chez les vendeurs que la connaissance du produit n'est pas nécessaire à la réussite de la vente parce que nous n'achetons pas en fonction des caractères techniques et d'un raisonnement logique mais en fonction de nos impulsions.

Ceci n'est pas faux, et nous rejoignons cette idée quand nous préconisons de faire rêver les clients. Cependant, lorsque le vendeur se présente comme un conseiller, un guide, dont le message revient à dire qu'il possède une information et une compétence bénéficiable pour le client, il doit en faire la preuve. Le rêve doit donc pouvoir à tout moment être étayé d'arguments issus cette fois du réel et c'est grâce à sa connaissance du produit que le vendeur fait la preuve de sa compétence.

Ceci revêt une importance primordiale car, on le sait, rien ne se fait en l'absence d'un climat de confiance entre le client et le vendeur, et nous n'avons nul besoin d'aller chercher de longues démonstrations pour affirmer que nous ne faisons confiance qu'aux personnes que nous reconnaissons comme compétentes.

Beaucoup de méthodes tendent à pencher soit du côté relation soit du côté produit. Quand on envisage exclusivement la vente sous l'aspect relationnel, on fait l'impasse sur la compétence produit et inversement. Quand nous parlons de compétence au niveau du produit nous voulons attirer l'attention sur les points suivants :

— être capable d'analyser le besoin du client et de lui vendre le produit exact qui lui convient ;

— être capable de répondre simplement à toute question concernant les caractéristiques techniques du produit.

Au cours d'une action de suivi sur le terrain nous avons observé un vendeur d'appareils électro-ménagers dont la cliente voulait un réfrigérateur. Après avoir pris contact, il lui posa des questions pour savoir le nombre de personnes vivant à la maison, si chacun y prenait ses repas, si la cliente faisait ses courses une ou deux fois par semaine, etc. L'objectif du vendeur était de conseiller un appareil dont la contenance et les performances étaient adaptées aux besoins de la famille. Après avoir obtenu les informations nécessaires, il a donc été en mesure de proposer un appareil bien adapté à sa cliente qui l'a d'ailleurs acheté.

Dans cet exemple, nous avons pu noter que les questions du vendeur lui ont permis de conseiller sa cliente utilement et d'accroître sa crédibilité auprès d'elle. Un vendeur qui pose des questions montre en effet qu'il s'intéresse réellement à son client et ceci va dans le sens de la confiance et de la crédibilité.

Le rôle du vendeur est d'orienter son client vers le produit dont il sera satisfait, c'est une façon de fidéliser le client qui se dit « il m'a bien conseillé en me faisant prendre ce modèle plutôt qu'un autre ». Quand ce même client voudra renouveler son matériel, il s'adressera à ce vendeur en priorité car il a confiance en sa compétence.

Beaucoup de vendeurs partent du principe que le client qui pose des questions cherche à les mettre en défaut et ils réagissent plus ou moins agressivement. Quand le vendeur connaît à fond les caractéristiques techniques de son produit, il est capable de répondre à n'importe quelle question, cela l'amène également par voie de conséquence à discriminer les objections réelles et les autres. Cette connaissance du produit est essentielle car elle sécurise le vendeur qui se sent apte à donner une réponse juste à n'importe quelle question. C'est un peu comme la différence entre se présenter à un examen en ayant étudié le programme à fond ou en ayant fait l'impasse sur de nombreux points.

Dans le premier cas, on part gagnant, pas dans l'autre, et, dans la vente, si l'on veut réussir on doit partir gagnant.

Les responsables d'équipes de vente organisent des réunions pour que leurs vendeurs fassent connaissance avec le produit, posent les questions que les clients poseront et y répondent. Comme nous l'avons dit plus haut le but est double :
— renforcer le climat de confiance avec le client en apportant par sa compétence la preuve de ses dires ;
— renforcer la confiance en soi du vendeur en le préparant à répondre à toutes les questions concernant le produit.

Nous pensons qu'à l'heure actuelle, le client a les moyens de s'informer, ceux aussi de se défendre grâce aux organisations de consommateurs et que nous devons absolument en tenir compte dans notre style de vente sinon nous risquons de nous voir relégués au rang des ringards qui n'ont pas su s'adapter.

Bien connaître son produit ne doit cependant en aucun cas servir à assommer le client sous une masse d'informations dont il n'a que faire et qui à coup sûr vont l'ennuyer et le faire fuir. La connaissance du produit a une action indirecte servant à renforcer la confiance en prouvant ses dires quand le besoin s'en fait sentir.

# Chapitre II

# DEBUSQUER BLOCAGES INTERDICTIONS STRATEGIES ET EXERCICES DESTINES A DEBUSQUER LES « BLOCAGES » ET LES « INTERDICTIONS » QUE RESSENT LE VENDEUR VIS-A-VIS DE CERTAINS PRODUITS OU DE CERTAINS CLIENTS

La compétence au niveau du produit se travaille avant la vente, c'est-à-dire avant le face à face avec le client. Il apparaît comme primordial que le vendeur soit bien préparé s'il veut se montrer à la hauteur. En outre, plus le vendeur connaît bien son produit, et mieux il le vend car cette connaissance augmente son assurance personnelle et lui permet de bien choisir les arguments selon les clients.

## 1 – Comment percevons nous nos produits ?

On constate souvent d'importantes différences entre ce que vendent les vendeurs disposant des mêmes gammes de produits. A l'intérieur de celles-ci, certains produits se « vendent facilement », d'autres seraient

« invendables » selon le témoignage des vendeurs qui, bien entendu, ne s'accordent que très rarement sur les mêmes produits.

Le responsable de l'équipe peut aussi induire certains critères qui rendent un article facile ou difficile à vendre. La conviction du vendeur provient d'une part de son jugement sur le produit, d'autre part de la façon dont ce produit a été mis a sa disposition soit par le fabricant, le producteur ou encore par le responsable. Ce que nous devons garder présent à l'esprit c'est que selon les contextes nous sommes tous acheteurs, clients, prospects et...vendeurs ! Quand un responsable d'équipe présente un nouveau produit à ses vendeurs, son rôle consiste à leur « vendre » la conviction que celui-ci est bon et qu'il le vendront facilement.

Un vendeur qui nous dit sans avoir l'air d'y croire : « prenez donc cela, ce n'est pas mal et vous ne risquez rien » accumule les formulations négatives et induit un sentiment de doute chez son client. Au contraire si le vendeur affirme avec conviction : « prenez donc cela, c'est le meilleur choix que vous pouvez faire, je suis sûr que vous en serez satisfait ! » il pense de façon positive et s'exprime comme tel, cela fait une énorme différence sur l'issue de la vente. C'est en suivant le même principe que l'on peut faire varier d'une extrême à l'autre la perception du produit dans l'esprit du vendeur.

En fait, il n'y a pas de produit facile ou difficile à vendre, il n'existe que des besoins qu'il s'agit de mettre en évidence ou d'éveiller et de satisfaire.

Nous verrons plus loin des techniques spécifiques destinées à faire apparaître l'objectif du client, c'est-à-dire nous faire connaître ses besoins. Cependant, pour l'instant, nous voulons nous attacher à comprendre comment certains produits sont perçus comme plus ou moins faciles à vendre.

Nous n'évoquons pas ici la vente de produits de première nécessité qui de toute façon se vendent, bien que la manière dont les merchandisers les présentent au consommateur fasse plus ou moins varier leur écoulement. Mais jusqu'à un certain point les observations se rejoignent et se complètent car elles ont trait aux critères.

Avant d'aborder la mise en évidence des critères du client, voyons d'abord comment déceler ceux du vendeur.

Nous proposons une série d'exercices à pratiquer dans le cadre de l'animation d'équipe ou bien à utiliser individuellement en tant que stratégie de réflexion. La démarche étape par étape que nous suivons dans chaque exercice permet à l'utilisateur, formateur, responsable d'équipe ou vendeur de l'adapter au contexte spécifique qu'il rencontre.

## EXERCICE N° 1 : FAIRE CONNAISSANCE AVEC LE PRODUIT

Exemple : un produit nouveau sera prochainement mis sur le marché, le responsable de l'équipe de vente a pour mission de le faire connaître et de donner à ses vendeurs les arguments nécessaires, avant de leur livrer une stratégie de vente (arguments du producteur, publicité au niveau régional ou national, etc.) il veut connaître les réactions de ses vendeurs par rapport à ce produit. Le responsable réunit ses vendeurs et procède comme suit.

1) Former deux groupes.

2) Exposer le produit nouveau de façon à ce que chacun des participants puisse le voir, le toucher, le manipuler.

3) Demander à chacun des participants ce qu'il pense de ce produit et laisser les personnes s'exprimer le plus librement possible.

4) Donner ensuite pour tâche au premier groupe de trouver des arguments en faveur de ce produit.

5) Donner pour tâche au second groupe de trouver des objections contre ce produit.

6) Travailler ensuite tous ensemble chacune des objections en utilisant les arguments du premier groupe qu'il s'agira d'enrichir.

## 2 — Nous avons tendance à ne vendre que ce qui satisfait nos critères

Dans la majorité des cas le produit qui ne marche pas soit possède un défaut réel dont la responsabilité incombe au producteur, soit il ne marche pas parce que le vendeur ne l'aime pas pour des raisons qu'il ne s'avoue pas toujours car elles sont très subjectives.

Ainsi, une commerçante a depuis quelques années ouvert un magasin de prêt à porter féminin, les vêtements qu'elle choisit conviennent très bien à son allure et à sa silhouette un peu ronde. A la fin de chaque saison, ce sont précisément les vêtements qui conviendraient parfaitement à des silhouettes différentes de la sienne qu'elle solde ! Il n'est cependant pas facile pour l'amour-propre de le reconnaître tant nous croyons souvent que les autres nous ressemblent et voulons modeler les autres en prenant notre propre image comme unique référence.

## EXERCICE N° 2 : LE PRODUIT QUI NE « MARCHE PAS »

L'animateur procède comme au N° 1, mais avec un produit déjà connu que les vendeurs prétendent difficile à vendre.

## EXPLOITATION DES EXERCICES 1 ET 2

Pour exploiter valablement le travail réalisé par l'équipe dans sa prise de contact avec le produit nouveau, l'animateur va avoir pour tâche de séparer les réflexions négatives intrinsèques au produit de celles qui proviennent de la subjectivité du vendeur.

Nous remarquons souvent que les gens préfèrent dire « c'est laid », plutôt que « je trouve que c'est laid ». Il s'agit d'une généralisation par laquelle la personne s'abrite sous la protection d'une affirmation précisément générale et donc difficilement contestable. Ce travail requiert une grande finesse d'observation que les techniques PNL facilitent grandement (voir chapitres suivants).

C'est essentiellement en questionnant les intéressés que l'animateur parvient à se faire une idée de leurs opinions, et, dans un second temps parvient à leur faire prendre conscience des limites que souvent ils s'imposent.

Quand la personne exprime son avis à propos du produit, l'animateur peut alors reformuler, c'est-à-dire reprendre mot pour mot l'affirmation qui vient d'être énoncée. Quand on reformule mot pour mot, la personne se sent réellement écoutée, cela lui montre clairement que son interlocuteur essaie honnêtement de donner un sens à ce qu'elle vient de dire.

*Exemple*

Le vendeur : « Franchement, je ne vois pas comment je vais arriver à vendre cette lampe tellement elle est laide ».

L'animateur : « Je comprends que vous la trouviez laide, cependant, j'aimerais savoir pourquoi précisément ».

Le vendeur : « Hum... après tout elle n'est peut-être pas vraiment laide, mais je ne vois pas où elle pourrait avoir sa place ».

L'animateur : « Avez vous réellement envisagé tous les endroits où on peut la placer, et tous les styles de décoration avec lesquels elle irait ? »

Le vendeur : « Non, sans doute ».

L'animateur : « Bien, nous allons étudier cela ensemble ».

Ensuite, après s'être assuré qu'il a bien compris le message, l'animateur pose des questions qui vont clarifier l'information en se servant des questions clés du métamodèle pour le langage[1]. Le but de ce questionnement est de mettre en évidence les éventuels blocages du vendeur par rapport au produit et d'ajouter de nouvelles options qui seront susceptibles, en élargissant son point de vue, de modifier sa perception du produit dans le sens positif.

_____

(1) Voir *Maîtriser l'art de la PNL*, page 228 et *Mémento PNL*.

Dans l'exemple que nous donnons ci-dessus, il est vraisemblable que le vendeur a imaginé la lampe chez lui, qu'elle n'allait vraiment pas, et c'est pourquoi, un peu hâtivement, il a déclaré qu'elle était laide. Nous réagissons souvent ainsi vis-à-vis des produits que nous n'aimons pas, et il est utile d'y réfléchir dans le cas où d'emblée nous disons qu'un produit est difficile à vendre.

## EXERCICE N°3 : LE PRODUIT IDEAL

La PNL nous apprend que l'on parvient aisément à comprendre un objectif ou à déceler un critère en le faisant apparaître grâce à un cadre de contraste[2]. Il s'agit de faire surgir le critère en travaillant sur des comparaisons, sur des différences. Dans bien des cas, les personnes qui expriment une idée le font au négatif et parlent plus volontiers de ce qu'elles n'aiment pas que de ce qu'elles apprécient. Dans notre objectif, le cadre de contraste consiste à chercher l'aspect positif de ces affirmations négatives.

Quand on demande aux vendeurs de définir un produit idéal, cela va renseigner très clairement l'animateur sur ce qu'ils n'aiment pas vendre. Par exemple, si l'un des critères majeurs qui apparaît concerne le prix du produit, cela veut dire que le vendeur ne se sent à pas à l'aise quand il vend ses produits qu'il trouve chers et cela signifie aussi que l'animateur doit faire préciser à partir de quel montant le produit est qualifié de « cher », ceci afin que l'intéressé prenne conscience de la limite qu'il s'impose à ce niveau.

— L'animateur demande à son équipe de réfléchir quelques instants à ce que pourrait être un produit « idéal », facile à vendre. Il dit par exemple : imaginez un instant que vous vendez un aspirateur parfait... Qu'est-ce qui le caractérise ?

— Après avoir défini quelques points importants, l'animateur aide son équipe à se mettre d'accord sur un ensemble ordonné de critères (ce qui est essentiel en premier, en second lieu, ensuite...).

— Lorsque chacun est d'accord sur les caractéristiques de ce produit idéal, l'animateur reprend chaque niveau de critères et incite les participants à exprimer clairement ses idées en utilisant le cadre de contraste et en demandant des exemples.

*Exemple*

Vendeur : « Je trouve que, dans l'idéal, il faudrait que l'appareil soit le moins encombrant possible ».

Animateur : « Selon vous, plus l'appareil est encombrant et moins il se vend ? »

---

(2) Voir *Maîtriser l'art de la PNL,* page 197.

Vendeur : « Oui, tout à fait ».

Animateur : « Avez vous souvent entendu cette réflexion chez vos clients ? quand pour la dernière fois ? »

## 3 — Mise en évidence des critères du vendeur

Les exercices que nous avons proposés ont déjà permis de mettre en évidence de nombreux critères. En les pratiquant, nous cherchons essentiellement à débusquer les interprétations et les réflexions négatives qui limitent le vendeur.

Quand nous n'aimons pas un produit, nous ne le vendons pas parce que dans la plupart des cas, nous vendons en fonction de nous, c'est-à-dire que nous vendons ce que nous nous sentons capables d'acheter ou ce qui nous semble raisonnable en fonction de l'idée que nous nous faisons du client.

Nous trouvons souvent le cas du vendeur qui estime avoir terminé sa vente lorsqu'il a atteint un certain chiffre. Il est bon de connaître avec précision à partir de quel montant nous estimons avoir terminé la vente, ou dans quelle fourchette de prix nous situons les produits que nous vendons. A la fin de ce chapitre nous présentons des exercices destinés à faire apparaître des contre-exemples à nos critères et à nos limites subjectives en traitant tour à tour plusieurs types de limites.

Nous pensons que la façon dont le produit est mis à la disposition du vendeur influence grandement la perception subjective de celui-ci. Dans le cas où le vendeur ne choisit pas les produits qu'il vend, il s'agit pour le responsable, dans un premier temps de réussir à les lui vendre, c'est-à-dire à le convaincre de l'intérêt de ce produit. Le but à atteindre est d'arriver à ce que le vendeur qui n'a pas choisi lui-même le produit le perçoive comme si c'était le cas. Bien entendu, il existe autant de moyens que de personnes et ces moyens sont directement liés aux critères.

Dans le cas où le vendeur choisit lui-même les produits qu'il vend, il se place à un moment donné dans le cas d'acheteur et il doit profiter de ce moment comme d'un exercice destiné à lui faire prendre conscience de ce qui le décide dans ses choix.

Il existe toujours une logique, une cohérence dans les comportements, même si elle n'apparaît pas toujours très clairement parce que ce qui pousse la personne à agir, la motivation, relie tous les comportements entre eux.

*Exemple :*

Le client : « Je voudrais partir en vacances la semaine prochaine, j'ai besoin de soleil et de liberté ».

Le vendeur : « Je peux vous proposer un séjour en Tunisie ».

Le client : « Je crains qu'en février il n'y fasse pas très chaud, j'aimerais mieux une destination plus lointaine pour être sûr de m'y trouver en été et aussi pour me dépayser.

Le vendeur : « Nous avons aussi des possibilités au Brésil ».

Le client : « Cela m'intéresse, dans quelles conditions d'hébergement ? »

Le vendeur : « Séjour en hôtel, vous avez le choix entre plusieurs catégories. Vous êtes au bord de la plage dans un cadre magnifique ».

Le client : « Y a-t-il des possibilités de circuit ? »

Le vendeur : « Pas à cette époque de l'année ».

Le client : « On peut sans doute louer une voiture ».

Le vendeur : « Certainement, il faudra vous renseigner sur place ».

Le client : « Je vous remercie, je vais réfléchir ! »

Dans cet exemple, le client n'obtient pas ce qu'il demande pourtant clairement : il a énoncé ses critères principaux dès le début de l'entretien ; il veut du soleil et de la liberté. Pour lui, le soleil c'est un pays lointain et la liberté, c'est la liberté de se déplacer ; il ajoute d'ailleurs un peu plus tard qu'il veut se dépayser.

Quand on reprend le contenu de cet entretien, on décèle la logique de la demande, et on peut à juste titre penser que ce client aurait tout de suite accepté un projet de voyage alliant un circuit libre et un séjour. Pour l'anecdote c'est ce qui est arrivé ! Ce client, un de nos stagiaires, est allé après l'entretien sans plus attendre dans une autre agence de voyage !


## EXERCICE N° 4 : PORTRAIT ROBOT D'UN CLIENT IDEAL

Dans l'exercice précédent, nous avions traité du produit idéal, cette fois nous voulons savoir à qui, de préférence, s'adresse le vendeur parce qu'il apparaît clairement que non seulement, nous vendons ce que nous aimons, mais qu'en outre nous avons tendance à ne vendre qu'aux personnes qui nous plaisent !

— L'animateur propose de faire le portrait robot du client idéal en demandant aux participants chacun pour soi de préciser les points suivants : âge, sexe, profession, nationalité, style de vie (habitat, loisirs, etc.)

— Il récapitule ensuite et, à partir des renseignements fournis par chacun il trace le portrait du client en s'assurant de l'accord de chaque participant.

— Dans un troisième temps, il reprend un par un les critères et les soumet à la critique. Par exemple : je vois que notre client idéal a vingt-cinq ans, est-ce que cela signifie qu'un client de cinquante ans ne peut pas acheter nos produits ?

## EXERCICE N° 5 : CLIENT IDÉAL ET PRODUIT IDÉAL

En reprenant les trois étapes de l'exercice précédent on ajoute la présence du produit.

— L'animateur propose par exemple : à notre avis, à quelle sorte de client notre dernier modèle de chaîne hi-fi convient-il de façon vraiment spécifique ?

Ces exercices ont pour but de démasquer les critères qui limitent le vendeur. Un de nos stagiaires se refusait catégoriquement à proposer des jeans à des personnes de plus de cinquante ans, pour lui ce vêtement ne convenait qu'aux jeunes, et, par voie de conséquence, il en vendait moins que ses collègues. En groupe, nous lui avons demandé de décrire comment pouvait s'habiller un retraité pour tondre sa pelouse ou bricoler. La semaine suivante, il a fallu lui augmenter son stock de jeans !

### 4 – Le travail en contre-exemple

Un contre-exemple remet en question une affirmation. Bien souvent, nous avons tendance à généraliser à partir de notre seule opinion ce qui nous empêche de voir les autres possibilités et nous conduit aussi à nous sentir bloqués ou incapables d'agir. Lorsqu'un contre-exemple suffisamment pertinent vient ébranler notre conviction, cela nous permet de modifier notre point de vue dans le sens de l'efficacité. De toute façon, soyons certains d'une chose, les meilleurs contre-exemples sont ceux qui vont dans le sens réel de nos objectifs, les autres, nous ne les retenons pas, il en va de même pour nos clients et nous reviendrons sur ce point ultérieurement.

Le travail en contre-exemple représente les moyens qui vont nous permettre d'élargir notre point de vue à propos de nos produits et de nos clients. Dans les exploitations des exercices précédents, nous avons évoqué l'utilisation du cadre de contraste, ceci va nous servir à nouveau ici en tant que technique pour susciter des contre-exemples.

### A – CADRE DE CONTRASTE

Dans l'exercice n° 3, le produit idéal, on peut exploiter la définition de celui-ci en le comparant avec le produit réel que nous vendons. Dans l'exemple de l'aspirateur, l'animateur demande : — Qu'est-ce qui différencie le modèle X de l'aspirateur idéal ?

Les différences qui apparaissent alors sont les critères valorisés que le vendeur applique à son produit et qui déterminent sa façon de le vendre. En d'autres termes, cela signifie que les modèles qui ne possèdent pas ces critères valorisés seront perçus comme difficiles, voire impossibles à vendre.

On peut bien entendu appliquer cette méthode pour mettre en évidence les critères que le vendeur applique à ses clients.

## B – CONTESTATION DES GENERALISATIONS

Nous avons montré plus haut qu'un des facteurs essentiels qui nous bloquent dans notre action de vendre réside dans l'application de généralisation hâtives. Il est en effet facile et sécurisant de réduire notre environnement à quelques grandes catégories souvent informelles. Quelqu'un qui affirme par exemple : « l'hôtellerie en France est chère », généralise un petit nombre d'expériences. Il est de la plus grande importance de mettre en doute ces généralisations car elles conduisent leur utilisateur à adopter des comportements stéréotypés ce qui va totalement à l'encontre de la souplesse comportementale qui caractérise le bon vendeur.

Quand on rencontre une généralisation, on peut la contester de la façon suivante : on en rajoute un peu pour tester le poids de la conviction.

*Exemple*

— « En France l'hôtellerie est chère ! »
— « Voulez-vous dire partout en France ? »
ou bien
— « En France l'hôtellerie est chère ! »
— « Avec quels autres pays comparez-vous ? »

En procédant ainsi, on oblige la personne à nuancer son opinion en ajoutant des cas particuliers ou des exceptions à ce qu'elle vient d'énoncer. Il est en effet évident qu'il existe des différences dans le rapport qualité/prix des prestations hôtelières suivant le lieu et suivant la catégorie.

*Exemple*

— « Les machines à laver Delta ne sont guère solides ! »
— « De quels modèles dans la gamme Delta parlez vous précisément ? »

Dans cet exemple, la démarche est la même que précédemment, le contre-exemple c'est le tenant de l'opinion qui, à la suite de cette remise en question, le trouve de lui-même. C'est d'ailleurs là l'objectif de ce travail : amener le vendeur à trouver lui-même des contre-exemples à ses limites.

Pour nous résumer, le travail de préparation de la vente est de la plus grande importance car il détermine la réussite ultérieure. Plus le vendeur est conscient des limites qu'il s'impose avec ses critères et plus il est en mesure d'y faire face en enrichissant ses possibilités.

Dans bien des cas d'échec de la vente, on trouve à la base un blocage du vendeur, cet obstacle demeure souvent inconscient et les exercices et réflexions que nous proposons sont destinés à le mettre en lumière pour mieux le surmonter.

# Chapitre III

# PRENDRE CONTACT
# AVEC LE CLIENT

## 1 – Quatre activités de la vente

Les trois chapitres suivants : 3, 4 et 5, ont trait à différentes activités
au cours de la vente. Nous en distinguons quatre :
— l'accueil, la prise de contact ;
— le recueil d'informations ;
— la présentation des arguments ;
— la conclusion.
Bien que nous les étudions dans cet ordre, nous devons savoir qu'à
l'exception de la première, elles ne se suivent pas obligatoirement mais
surviennent à différents moments de l'entretien.
Dans la phase d'accueil on peut très bien recueillir des informations ;
en présentant les arguments on peut compléter ce que l'on sait déjà
à propos de l'objectif du client, quant à la conclusion, elle peut
intervenir à tout moment.
Le vendeur pense être sur le point de conclure quand le client évoque
un point qui n'a pas été éclairci et ramène instantanément à la phase
de recueil d'information.
Dans d'autres cas, le client qui sait ce qu'il veut voit le produit qu'il
cherche et conclut la vente avant même que le vendeur ait pu avancer
le moindre argument.
Quoiqu'il en soit, pour en faire ressortir la structure, il est commode
d'étudier ces quatre activités séparément en montrant quelles sont les
techniques PNL spécifiques que nous faisons intervenir.

## 2 – L'accueil

C'est incontestablement un des moments les plus importants car on a tôt fait de juger au premier coup d'œil tant du côté vendeur que de celui du client. Le vendeur qui se précipite sur le client avec un sourire commercial « trop poli pour être honnête » induit bon nombre d'états intérieurs négatifs chez son client.

L'accueil doit mettre le client à l'aise, et, pour atteindre cet objectif, la PNL montre que le langage non-verbal qui accompagne ce que nous disons a une importance essentielle. Le vendeur doit établir un contact positif avec le client, cela dès les premières secondes de l'entretien sinon aucune des techniques et aucune méthode ne donne de bons résultats.

La démarche typique de la PNL consiste à se mettre en harmonie avec le client puis, de l'orienter vers l'objectif ; cependant cette deuxième phase n'est possible que si auparavant un solide climat de confiance est établi.

A l'extrême, si nous ne devions enseigner qu'une seule technique de PNL, c'est celle-ci que nous choisirions car elle détermine à elle seule l'issue de l'entretien !

Quand vous vous trouvez en face de quelqu'un, avant qu'il n'ait dit un seul mot, tout ce que vous découvrez visuellement produit sur votre état intérieur un effet en fonction duquel vous adaptez votre comportement. Par exemple, vous n'abordez pas de la même façon un ecclésiastique ou une jeune et jolie femme.

Or, l'un des facteurs qui contribue à ce nous nous sentions à l'aise, c'est de reconnaître notre interlocuteur comme très proche de nous, c'est-à-dire familier, utilisant le même langage verbal et non-verbal. Nous comprenons mieux ce que nous connaissons déjà, et face à une situation inconnue (rencontrer quelqu'un de nouveau) nous ressentons sinon de la peur du moins une certaine appréhension ou une certaine réserve.

Si vous parlez très vite, vous jugez quelqu'un qui parle lentement comme ayant l'esprit lourd. Pendant qu'il s'exprime, vous avez retourné une dizaine de fois dans votre tête ce qu'il vient de dire avant qu'il ait terminé sa phrase.

Si vous faites peu de gestes, vous jugez une personne qui parle avec les mains comme nerveuse ou exubérante.

## 3 – Le mimétisme comportemental

Le but ici c'est d'arriver à ce que le client perçoive le vendeur comme quelqu'un qui lui ressemble et par conséquent le comprend. C'est

pourquoi la PNL nous incite à pratiquer le mimétisme comportemental, c'est-à-dire accorder notre comportement à celui de notre
client en tenant compte des points suivants.

## A – S'ACCORDER A LA POSTURE

La posture du corps transmet de nombreux messages que nous
interprétons inconsciemment, nous n'avons donc pas la même approche du client selon la façon dont il occupe l'espace avec son corps. La
posture, c'est la première chose que l'on peut observer quand on
rencontre le client, il peut être assis à un bureau ou debout dans le
magasin et, la façon dont il place son corps traduit une large partie de
son état intérieur, c'est-à-dire des émotions positives ou négatives qu'il
éprouve à ce moment précis. En adoptant une posture voisine,
symétrique ou en miroir on se met à la portée du client, et à travers
cette manière d'occuper l'espace on partage un peu sa perception
corporelle, et, automatiquement son état intérieur (1). Vous pouvez
facilement faire la différence en adoptant plusieurs postures différentes.
Exemple : que ressentez-vous lorsque vous vous tenez très droit ?, en
quoi cette sensation diffère-t-elle lorsque votre posture est plus sou-
ple ?

## B – S'ACCORDER AUX GESTES

On s'accorde aux gestes de son interlocuteur en les reflétant à la fois
dans leur rythme et dans leur direction. Il ne s'agit pas de mimer les
gestes, seulement de les refléter. Le rythme des gestes et leur direction
ont une grande importance car ce sont des moyens d'expression qui
ponctuent les mots et parfois même les remplacent.
Si vous dites par exemple : « Avez vous essayé cette voiture ? » et que
le client hausse les épaules avant de changer de sujet, ce geste et le
comportement qui le suit immédiatement signifient que le client n'est
pas intéressé.
Les gestes n'ont cependant aucune signification propre quand on les
isole du contexte comportemental où ils prennent place. Ils sont
porteurs d'un message seulement quand ils sont étudiés dans l'ensemble du comportement.
Souvent aussi les clients dessinent avec leurs gestes leurs souhaits ou
leurs expériences, quand on se met en phase avec le rythme et la
direction de ces gestes cela signifie pour le client qu'on l'écoute et le

---

(1) Voir aussi dans « *Comprendre la PNL* » et « *Mémento PNL* » explications et schémas
détaillés à propos du mimétisme comportemental.
(1) Voir dans le mémento de PNL les champs d'action de la PNL : état intérieur, comportement extérieur et processus internes, et leurs relations.

comprend, de plus, le vendeur en essayant pour lui-même les gestes de son client accède à une compréhension précise de celui-ci.

Nous recommandons d'éviter de s'accorder à certains gestes répétitifs (pied qui bat la mesure sous la table, doigts qui pianotent, tics, etc.). Si ces gestes vous agacent ou provoquent en vous une sensation désagréable, il s'agit probablement de la manifestation d'une incongruence (1). De la même façon que la bonne humeur se communique, le malaise se transmet : quand on s'harmonise trop bien avec une personne qui ressent un état négatif, on risque de le partager avec elle !

Cependant, si l'on choisit de s'accorder à ce geste il s'agit de procéder de la manière suivante : on synchronise le geste répétitif en utilisant un autre geste, d'abord sur le même rythme, ensuite on ralentit progressivement la cadence du geste jusqu'à ce qu'il disparaisse. Cela marche dans huit cas sur dix environ, quand cela ne marche pas c'est que le contact positif n'est pas établi ou que l'initiative de l'entretien revient à l'autre personne.

Procéder ainsi c'est appliquer la démarche générale de la PNL qui consiste à s'accorder avec l'interlocuteur puis à prendre la direction de l'entretien de manière à atteindre l'objectif qu'on s'est fixé.

## C – SYNCHRONISER LE RYTHME DE LA RESPIRATION

Cela ne nous vient pour ainsi dire jamais à l'esprit car dans notre culture occidentale cela ne se pratique pas. En revanche, au Japon, il est fréquent d'observer des interlocuteurs respirant ensemble ou des réunions qui commencent par une séance de respirations rythmées effectuées en commun (2). Cela étant posé, quand on adopte le même rythme de respiration que son interlocuteur, on se rapproche indiscutablement de lui, il se sent automatiquement mieux compris et plus à l'aise.

Pour s'exercer à cette pratique, il convient dans un premier temps de bien repérer le mouvement de la respiration en observant la ligne des épaules qui s'élève légèrement à l'inspiration pour redescendre à l'expiration, puis, de rythmer sa propre respiration sur celle de l'autre. S'accorder au rythme de la respiration requiert une bonne concentration et tant que cette technique n'est pas familière il est bon de la réserver à des situations où l'on tient un rôle d'observation.

---

(1) Voir « Comprendre la PNL », page 69 et les exercices du chapitre 7.

(2) Ceci est un fait rapporté par Donald Moine et Herd dans « Persuader pour vendre », par Edward T Hall dans « Le langage silencieux », également évoqué par Genie Laborde dans « Influencing with Integrity ».

## D – S'ACCORDER A LA VOIX

Nous distinguons plusieurs caractéristiques de la voix :
* le ton c'est-à-dire la qualité expressive, par exemple, une voix peut être douce, sèche, conciliante, autoritaire, etc ;
* la hauteur c'est-à-dire la position entre l'aigü et le grave ;
* le rythme de la parole ;
* Le volume de la voix.

En tenant compte de ces quatre points, il est possible de s'accorder à la voix de notre client sans modifier sensiblement la nôtre, il suffit simplement de se mettre en harmonie avec l'une se ces quatre caractéristiques : le ton, la hauteur, le rythme ou le volume.

Il est très facile de ralentir ou d'accélérer le rythme de sa voix, également de parler plus ou moins fort, et, nous devons nous exercer à le faire systématiquement car c'est un moyen très efficace d'établir un bon contact avec le client. Les personnes dont on dit qu'elles ont le sens du contact accordent inconsciemment leur voix à celle de leurs interlocuteurs, et, de la même façon, tout leur comportement non-verbal. De la même façon, certaines personnes adoptent à leur insu les accents des régions où elles se trouvent, ce qui peut bien entendu faciliter le contact.

Dans la plupart des ouvrages traitant du comportement du vendeur, il est conseillé d'utiliser sa voix en se servant de son registre médium ou grave car c'est, dit-on, un bon moyen d'induire un sentiment de confiance chez le client. Nous ne nions pas que les voix graves, produisent un effet plus lénifiant que les voix aigües, mais que faire si l'on n'a pas la voix que l'on croit utile ?

Notre position personnelle à ce sujet est que la première des choses à faire est de s'écouter (magnétophone, vidéo) avant de décider quoi que ce soit, ensuite d'interroger ceux que nous côtoyons afin de savoir comment précisément ils perçoivent notre voix sur un plan émotionnel. Dans le cas où il apparaît que notre voix nous dessert dans nos relations avec les autres il est toujours temps de déceler ce qui ne va pas, puis de corriger ce trait par un travail spécifique. Dans le plupart des cas, il suffit de prendre conscience de certaines habitudes désagréables à l'oreille de nos interlocuteurs pour parvenir à les modifier. Ceci étant, quelle que soit notre voix, autant nous en servir telle quelle pour nous accorder à celle des autres plutôt que de nous livrer à des exercices périlleux. Si l'on se sent des talents d'acteur il est toujours possible de chercher à les développer, mais si l'on fait partie du reste du monde, mieux vaut s'en tenir à son naturel sous peine d'apparaître comme sonnant faux.

Il est quand même bon de se rappeler que généralement plus on accélère son débit vocal, plus on monte dans l'aigü. On retrouve le même phénomène dans le chant où les voix de ténor et de soprano se caractérisent par une grande souplesse, les exercices de vélocité demeurant leurs terrains de prédilection.

## E – S'ACCORDER A LA DISTANCE

Nous avons évoqué, en parlant de la notion de territoire, le problème de la distance. Chacun de nous a probablement vécu la situation dans laquelle il tente désespérément de rétablir sa distance de confort face à un interlocuteur qui, pour respecter la sienne ne cesse de se rapprocher.

La distance de confort c'est celle dans laquelle nous sommes à l'aise pour converser avec notre partenaire, elle est plus ou moins courte selon nos habitudes culturelles et nos facteurs personnels.

Au Etats-Unis, la distance conversationnelle entre deux personnes les empêche généralement de se toucher, approximativement elle mesure la longueur du bras plus vingt centimètres. En France, la longueur du bras suffit à ce que les interlocuteurs se comprennent et se sentent à l'aise. En Italie, on peut la réduire à environ une longueur de bras moins vingt centimètres. Il s'agit de données culturelles, les habitudes individuelles variant largement à l'intérieur de celles-ci.

Pour comprendre à quel point le respect de la distance est important, il suffit de regarder comment à une heure de grande affluence les gens louvoient sur les trottoirs ou dans le métro pour éviter de se toucher. Quand on est bousculé dans sa distance, on se sent agressé et menacé, cela crée une tension, on dépense alors de l'énergie pour tenter de protéger son « territoire », ou, comme disent certains, sa « bulle ».

Dans le vente, il s'agit de tenir compte de ce phénomène en procédant de la façon suivante. Quand vous vous approchez de votre prospect, faites-le en respectant votre distance personnelle, puis, au fur et à mesure du déroulement de l'entretien, notez si celui-ci se rapproche ou bien tend à s'éloigner de vous. Si le prospect se rapproche, évitez de reculer vous l'obligeriez à avancer de nouveau ! Cependant, si vous vous sentez mal à l'aise à cette distance, faites varier votre orientation en vous mettant de trois quart ou bien carrément à côté de lui.

Comme nous le verrons par la suite, les personnes qui tendent à établir une distance courte sélectionnent de préférence les informations d'ordre kinesthésique (1), ils ne verront aucun inconvénient à ce que vous les touchiez dans le cours de la conversation et peut-être même en prendront-ils l'initiative. C'est pourquoi d'ailleurs ces personnes n'ont pas autant besoin de voir pour comprendre ce que vous leur dites que d'autres qui privilégient les perceptions visuelles.

---

(1) Les perceptions kinesthésiques sont le toucher, le goût, l'odorat et les sensations internes vévues commes des émotions. Voir aussi à ce sujet « Comprendre la PNL » et « Maîtriser l'art de la PNL ».

Dans le cas où le prospect s'éloigne, respectez la distance qu'il vous impose, sous peine de le mettre sur la défensive. Il s'agit probablement d'une personne qui privilégie les perceptions visuelles et qui doit absolument avoir une vue complète de son interlocuteur. Dans cette situation précise, vous devez parler à ce prospect en le regardant, sinon, il ne pourra pas vous faire confiance.

Un autre cas peut se présenter, c'est celui où le prospect se place de lui-même à côté de vous ou bien tourne la tête quand vous lui parlez, si cela se produit vous avez devant vous une personne qui privilégie les perceptions auditives et qui tend l'oreille pour mieux vous comprendre. Là encore, le vendeur doit respecter cette orientation et s'adresser à la personne de la manière dont elle montre l'exemple. Ces personnes sont parfois perçues comme sournoises ou hypocrites car elles ne soutiennent pas le regard dans la conversation, et pour cause, elles sont en train d'écouter attentivement selon leur mode fonctionnement privilégié.

Il est très important de prendre conscience de l'origine de ces comportements afin d'éviter de se faire des idées fausses au sujet d'un prospect. Nous devons garder présent à l'esprit la notion de territoire et nous souvenir qu'une personne qui se sent menacée cherche soit à combattre soit à fuir (1). Ce n'est certainement pas ce que nous voulons provoquer chez nos clients. Le respect de la distance permet donc au contact de s'établir dans un climat de détente.

## F – LE CONTACT VISUEL

Quand nous parlons à quelqu'un, nous nouons au fil de la conservation des contacts visuels avec lui. Nous disons quelque chose, nous croisons un instant son regard, puis reprenons notre discours. Selon chacun, la durée et la fréquence de ces contacts visuels sont différents, et, dans la vente, il importe de respecter la façon de faire du client.

Pour les personnes qui ont davantage tendance à tendre l'oreille qu'à regarder, les contacts visuels sont courts et peu fréquents, pour d'autres, ils s'allongent et se répètent. Ce qui compte, c'est surtout d'être conscient que la personne qui répète les contacts visuels en a besoin pour comprendre l'autre et se sentir comprise en conséquence, il est nécessaire de s'y accorder pour parfaire le contact positif.

Pour que l'accueil, la prise de contact soient positifs, le vendeur doit obtenir un acquiescement de son client, c'est-à-dire éviter de s'entendre répondre non à son approche.

Quand le vendeur aborde un client en lui disant : « Avez-vous besoin d'un renseignement ? » il a une chance sur deux de s'entendre répondre non.

_____

(1) On peut se reporter aux descriptions détaillées de ces comportements dans les ouvrages d'Henri Laborit, ou dans le film « Mon oncle d'Amérique ».

S'il demande « Que puis-je faire pour vous ? » le client qui désire simplement regarder n'exprime pas forcément le « me laisser faire un tour tranquillement » mais tourne la tête ou fait semblant de n'avoir rien entendu.

En revanche si le vendeur affirme « prenez tout votre temps pour regarder ce qui vous intéresse » il place automatiquement son client dans la situation qu'il décrit, même si le client répond « je n'en ai que pour un moment, je cherche quelque chose de précis », le vendeur a établi un contact positif et obtenu un accord. En outre, en formulant sa phrase ainsi, il présuppose que le client est intéressé par quelque chose.

Cette façon de procéder, qui consiste à provoquer des réponses positives se retrouve dans la plupart des ouvrages traitant de la vente. Sur le plan psychologique et, du point de vue PNL, il est clair que lorque la personne répond « oui » à son interlocuteur cela signifie qu'elle est d'accord pour continuer dans l'interaction en cours, une réponse « non » indique au contraire qu'il faut faire un retour en arrière pour revenir sur un accord précédent avant d'aller plus loin.

La question de savoir si on a obtenu un accord quand il n'y a pas de réponse verbale se résout grâce à l'observation, notamment lorsque le vendeur se trouve en face d'un client qui vient de dire « je vous écoute » puis qui logiquement demeure silencieux. La PNL propose la technique du calibrage sur laquelle nous reviendrons un peu plus loin et qui consiste en une observation attentive de tous les signes perceptibles du comportement.

Dans la situation de prise de contact, nous envisageons les exemples suivants :
— le client entre dans le magasin ;
— le vendeur se présente chez son prospect ;
— le vendeur se présente chez son client.

Quel que soit le cas, pour réussir la prise de contact et établir le **climat de confiance** nécessaire à la vente un certain nombre de points sont indispensables.

Le climat de confiance est indispensable, car le client ne peut acheter et surtout revenir vers le vendeur que dans ce cadre.

Le client, pour être en confiance, a besoin de se sentir reconnu en tant que personne, et la plus banale et la plus facile façon d'y arriver est simplement de saluer. Mais que signifie saluer ou ne pas saluer quelqu'un ?

## 4 — Prise de contact en magasin.

La qualité de l'accueil consiste à savoir donner au client la sensation que l'on est disponible sans pour autant lui donner celle de lui « sauter dessus ». Pour cela, il suffit souvent de saluer le client qui entre et avant de lui demander s'il souhaite voir un produit particulier, de lui dire ou de lui faire comprendre qu'il est libre de regarder... comme dans l'exemple que nous avons donné plus haut.

Une autre technique consiste à aborder le client en lui rendant compte de son action :

— « Vous êtes en train de regarder ce téléviseur, et je me demande si vous voulez en savoir plus à ce sujet ».

Dans la première partie de la phrase, le vendeur montre qu'il a remarqué le client et ce qu'il fait, c'est une manière de lui prouver qu'il est reconnu, qu'il existe en tant que personne, dans la seconde partie, le vendeur induit une situation de façon très indirecte avec le « voulez en savoir plus ».

Prenons un autre exemple :

— « Le livre que vous tenez en main est un ouvrage remarquable ! »

En disant cela, le vendeur reconnaît la situation comme précédemment, mais en plus il cherche à induire un état intérieur positif en se servant du fait que les gens croient souvent qu'ils valent en tant que personnes ce que valent leurs comportements(1).

## 5 – Prise de contact en prospection

La démarche est sensiblement la même en tenant compte toutefois des précisions apportées quant à la notion de territoire. Cette fois, le vendeur s'appuie pour établir un bon contact sur ce qu'il lui est donné de voir ou d'entendre dans l'environnement immédiat du prospect. En s'intéressant à ce qui intéresse son prospect, il lui montre qu'il le reconnaît, qu'il lui ressemble et cela implique que le client peut lui faire confiance.

N'importe quel détail peut servir pourvu qu'il soit choisi en fonction du prospect :

— « Votre jardin est splendide, peut-être pourrez-vous me donner quelques conseils pour les rosiers ! »

La maison, le jardin, les enfants, le chien en cas de prospection pour la vente à domicile peuvent servir de porte d'entrée à condition que l'affirmation qu'ils suscitent soit sincère. En tant que vendeur si vous trouver que la maison n'est pas de bon goût, que les enfants ont tout l'air de petits monstres, le chien de mauvais poil et le jardin mal coiffé, mieux vaut ne pas en parler. Imaginez un instant l'effet que vous produiriez en disant :

---

(1) Voir à ce sujet « Faites vous même votre malheur » par Paul Watzlawick, et « Nœuds » de Ronald Laing. Ces deux ouvrages montrent comment nous croyons être ce que nous faisons. Si nous lisons des histoires stupides cela voudrait dire que nous le sommes.

— « Vous pourriez quand même tondre votre pelouse de temps en temps, cela fait drôlement désordre ! »

Aucun vendeur de bon sens ne dirait cela, pourtant si vous le pensez et que vous essayez de dire le contraire, l'hypocrisie de votre affirmation sera perceptible d'une façon ou d'une autre et jouera contre vous.

Parfois, quand le vendeur arrive chez son prospect celui-ci est occupé.

— « Je vois que vous êtes très occupé, je ne veux surtout pas vous déranger maintenant, dites moi plutôt à quelle heure je peux venir ? Je serais dans votre quartier entre quatre et six heures ».

Une déclaration de ce type ne peut susciter de refus sur le principe de la visite, l'heure ou le jour de celle-ci peut seulement faire l'objet d'une mise au point.

## 6 — Prise de contact avec la clientèle

Le premier contact a déjà été établi, cependant, il arrive de nombreux événements entre chaque passage du représentant, et, c'est précisément de cela dont il lui faut tenir compte dans sa démarche.

Si le premier contact a été positif, il sert pour les autres visites à recréer le climat de confiance.

— « La dernière fois que je suis venu vous voir vous me parliez d'un projet qui vous tenait à cœur... »

En disant cela, le vendeur montre qu'il reconnait personnellement son client, il se souvient en effet de ce qu'ils se sont dit, il s'intéresse à ce qui l'intéresse et cela renforce le climat de confiance.

Pour arriver à cela, il est fort utile de noter les renseignements que le client a donnés au cours des entretiens précédents de manière à pouvoir s'en servir à la rencontre suivante. Rappelons que cela n'aura cependant aucun effet positif si c'est utilisé à mauvais escient. Vous pouvez arriver par exemple chez votre client et trouver celui-ci déprimé, cela signifie qu'il va falloir adapter votre approche à cette nouvelle situation. Il n'est bien sûr pas question d'éprouver sa dépression, mais de vous montrer compréhensif et patient. En faisant preuve de courtoisie, de patience et de sensibilité, vous préservez le devenir de vos ventes ultérieures.

## 7 — La prise de contact par téléphone

Dans cette situation, une des difficultés majeures réside dans le fait que l'on dispose uniquement de sa perception auditive pour vérifier que l'on a établi un contact positif. Le son de la voix, sa qualité d'expression sont les seules sources dont dispose le vendeur.

En outre, notre comportement varie au téléphone du fait même que cette façon de communiquer nous prive de la vue, ceci provoque plus ou moins de tension et cela se traduit parfois par une certaine agressivité. Chacun a eu au moins une fois dans sa vie un client furieux au téléphone alors qu'en face d'un interlocuteur, jamais la moindre vocifération n'aurait franchi sa gorge !

De la même façon, si la personne qui reçoit les appels téléphoniques a pour consigne de faire le barrage, il lui est plus facile de mentir en l'absence du regard de l'interlocuteur.

Face à ces conditions, il apparaît au moins une priorité : parler avec le décideur ou la personne réellement concernée par l'objectif.

La patience et la détermination sont deux qualités obligatoirement requises dans cette démarche car on n'obtient pas forcément ce que l'on veut la première fois et cela ne doit pas empêcher de recommencer en ayant alors compris pourquoi cela n'avait pas marché. D'un autre côté, il faut être conscient qu'il n'y a absolument aucune raison pour que l'on refuse de vous parler.

Quand on prend un rendez-vous par téléphone, on n'a pas forcément besoin de parler avec la personne concernée dans le cas où c'est un(e) collaborateur(trice) qui s'occupe de planifier les rendez-vous. Cependant, les rendez-vous ont tendance à être mieux respectés si c'est la personne concernée qui les accorde.

Avoir affaire à une tierce personne peut jouer en faveur du vendeur lorsqu'il sait mettre à profit cette opportunité car cela lui permet d'établir un contact positif avec quelqu'un. Il est en effet toujours important de se ménager la bienveillance des collaborateurs(trices) du décideur car, au moment opportun, ils savent se rappeler de vous, placer judicieusement votre dossier sur le haut de la pile, et autres amabilités quand auparavant vous avez su vous montrez aimable et attentif.

Trop de gens ont tendance à mépriser les subalternes et l'anecdote que nous conte Nadine, une de nos stagiaires, l'illustre bien.

« L'année dernière, un après midi, j'avais décidé de rempoter certaines de mes plantes, et, pour me protéger, j'avais revêtu une tenue appropriée dont un vieux jeans et un tablier. Quelqu'un sonne à la porte, je vais ouvrir et j'aperçois un monsieur vêtu d'un costume voyant, portant des bijoux d'un goût douteux, qui me dit « allez vite chercher la patronne, c'est de la part de Monsieur Meyer » en tendant une carte de visite. J'avais immédiatement reconnu le marchand de tapis qui était déjà passé l'année précédente, en revanche, lui ne m'avait pas reconnue dans ma tenue de jardinière. En toute logique je lui répondis « Madame est absente ! » en lui fermant la porte au nez.

Un de nos amis, vendeur de grand talent nous racontait que, pour obtenir un rendez-vous ou parler au responsable, il demandait toujours à parler avec Monsieur Henri :

— « Boujour mademoiselle, Monsieur Lebrun de la Société Alfa, voulez-vous avoir la gentillesse de me passer Monsieur Henri ! »
— « Nous n'avons pas de Monsieur Henri ici, quel service voulez-vous ? »
— « Comment, ce n'est pas Monsieur Henri qui est chargé des relations humaines... »
— « Non, c'est Monsieur Roux qui occupe ce poste ! »
— « Et bien, j'ai fait erreur, veuillez m'en excuser, dans ce cas, puis-je parler avec Monsieur Roux ? »
— « Un instant je vous prie, rappelez-moi qui dois-je annoncer ? »

Cette technique n'est pas forcément utilisable par tout un chacun d'autant que nous ne pensons pas, à la lumière de ce qu'enseigne la PNL, que ce soit elle directement qui ait permis à notre ami d'obtenir ces rendez-vous. En revanche, la façon courtoise dont il parle avec la secrétaire lui permet d'établir avec elle un contact positif qui l'incite à accéder à sa demande.

Il suffit pour se convaincre de cela de se référer à notre propre expérience, en comparant nos réactions à une voix agréable, un ton poli ou à une voix sèche et autoritaire !

Une fois que l'on a obtenu la personne responsable, la situation change car, elle peut légitimement vous demander ce que vous voulez, quel est le motif de votre démarche, etc.

On conseille à juste titre les vendeurs de ne pas trop en dire, cependant, il s'agit de faire attention pour éviter de tomber dans l'excès inverse qui consiste à ne rien vouloir dévoiler de son objectif.

*Exemple*

— « Qu'est-ce que vous voulez me vendre ? ! »
— « Je ne parle pas de vous vendre quoi que ce soit pour l'instant, seulement de vous présenter un nouveau service qui va certainement vous intéresser ».
— « De quoi s'agit-il précisément ? »
— « C'est un peu long à expliquer par téléphone, je préférerais vous en parler avec des preuves en main, mardi après midi par exemple ? »
— « Oui, cela irait, à quatorze heures précises, je n'aurai que peu de temps à vous accorder ! »

Comme pour l'accueil en magasin ou la prospection, il s'agit au téléphone de personnaliser l'entretien et d'obtenir des réponses positives. On personnalise l'entretien d'une part en sachant à qui précisément l'on parle, Monsieur Henri, Monsieur Roux, etc., d'autre part en sachant s'annoncer. Les clients et prospects ont besoin de savoir qui leur parle d'autant plus qu'au téléphone, par définition, ils sont privés des informations visuelles qui autrement leur permettent de se faire une première idée de leur interlocuteur.

Donc, tenant compte de cela, il est absolument nécessaire de se présenter : « Je suis Monsieur Lebrun, délégué par la Société Alfa ». Le téléphone déformant parfois les sons, il faut s'annoncer en parlant distinctement, c'est le premier pas dans stratégie de mise en confiance. Si vous vous référez à votre expérience personnelle, que pensez-vous de quelqu'un qui vous téléphone et demande à parler avec votre collaborateur(trice) sans dire qui il est ? Quand on ne dit pas son nom, cela passe souvent pour de la dissimulation, or, ce n'est le but à atteindre quand précisément on souhaite drainer l'attention de notre interlocuteur ou de son colloborateur.

Nous ne nous étendrons pas plus longuement sur l'usage du téléphone, de lecteur avide d'informations à ce sujet trouvera des ouvrages traitant exclusivement de son utilisation[1].

## 8 — Structure des états intérieurs que l'on veut induire chez le client

L'art de la vente, c'est d'arriver à faire éprouver au client certains états intérieurs ou émotions[2] qui détermineront les comportements favorables au déroulement de l'action et à la prise de décision d'achat.

Un état intérieur se définit comme la situation émotionnelle de la personne, il provient des processus internes c'est-à-dire de la façon spécifique dont celle-ci trie et interprète ce qu'elle voit, ressent, entend ou se dit. L'état intérieur se manifeste par un comportement extérieur spécifique. Nous devons cependant savoir redoubler d'attention car nous n'offrons pas toujours les mêmes comportements pour traduire un état intérieur qualifié du même nom. Chacun possède ses différences individuelles et sa carte de la réalité ou représentation du monde le traduit ainsi.

Si l'on pose la question suivante à plusieurs personnes : « quand vous vous sentez optimiste, comment cela se manifeste-t-il ? », il y a de fortes chances pour que l'on observe des différences individuelles dans leurs réponses. Bien entendu, on observe aussi des similitudes et c'est précisément ce qui permet de généraliser dans une certaine mesure jusqu'à mettre en évidence de grands traits caractérisant l'état intérieur que l'on étudie.

Ainsi, en reconnaissant certains traits communs d'un état intérieur, on parvient à objectiver une structure, et, dans notre travail d'aujourd'hui nous retenons comme pertinents les points suivants : le temps, l'orientation vers soi ou vers les autres, le caractère actif ou passif et, le cas

---

(1) Se reporter à *Mieux utiliser le téléphone* par Sophie de Menthon aux Editions d'Organisation.

(2) A propos des états intérieurs, de leur structure et de leur utilisation voir les explications détaillées dans *Maîtriser l'art de la PNL*, chapitre 6.

échéant, le rythme. Ces quatre points servent à indentifier la structure de l'état intérieur, ils permettent donc de caractériser et de reconnaître ce qu'éprouve notre interlocuteur, puis, d'agir en conséquence.

## A – LE TEMPS

L'état intérieur peut provenir du passé (c'est le cas de la déception), du présent (dynamisme) ou être orienté vers le futur (la curiosité ou le désir).

## B – L'ORIENTATION VERS SOI OU VERS LES AUTRES

La satisfaction et la frustration sont notamment des états intérieurs fortements orientés vers soi, la personne qui les éprouve ne pense qu'à elle-même tandis que l'attention, la sympathie, la compassion sont à l'opposé tournées vers l'autre.

## C – LE CARACTERE PASSIF OU ACTIF

Il se reconnaît à ce que la personne qui l'éprouve se sent ou non responsable. La tristesse, l'attente sont des états passifs alors que la confiance en soi ou le dynamisme sont actifs.

## D – LE RYTHME

Il peut être un élément important pour caractériser un état intérieur. La tristesse, la paresse se jouent sur des rythmes lents tandis que l'agressivité, la combativité se définissent par des rythmes rapides. Le rythme d'un état intérieur apparaît dans le comportement et, par l'effet du mimétisme comportemental, il devient possible de le faire varier.

### Exemple

Chacun sait pour l'avoir expérimenté que l'on n'arrive jamais à atteindre ses objectifs si l'on est pas, comme on dit, motivé. Etre motivé, c'est éprouver un état intérieur, qui nous permet de mettre en œuvre les comportements efficaces pour atteindre l'objectif.
La structure de l'état de motivation se caractérise par une orientation du présent vers le futur : la personne motivée exécute des actions dans le présent pour atteindre un objectif dans le futur.
Quand on est motivé, c'est essentiellement pour soi, même si on agit en faveur d'une raison altruiste. La motivation se joue également sur un mode actif, la personne motivée entreprend une action, se sent responsable et non victime de ses actes. Enfin, la motivation possède un rythme plutôt rapide, même si l'atteinte de l'objectif doit demander un certain temps.

Sachant cela, pour aider quelqu'un à être motivé, nous devons chercher au niveau duquel de ces quatre points il y a un manque et le pallier. Souvent, les gens qui manquent de motivation n'arrivent pas à passer du présent au futur, et quand c'est le cas le travail de développement personnel consiste à leur permettre d'accéder à cette aptitude.

Dans la vente, par les phénomènes de mise en phase du mimétisme comportemental, les états intérieurs du client et du vendeur se rejoignent, travaillent en synergie ou bien se heurtent et aboutissent à l'échec de l'action.

Il faut travailler vite car, en fait, on n'a pas toujours le temps d'élaborer de savantes manœuvres comme on peut le faire dans d'autres contextes (développement personnel ou psychothérapie en particulier). Ici, il faut bien comprendre que nous avons plusieurs niveaux de communication, d'une part le niveau apparent fait de deux personnes face à face occupées à une transaction. Ces deux personnes ont dans ce cadre une fonction déterminée, les rôles de client et de vendeur. Ces deux rôles supposent que client et vendeur agissent d'une certaine façon comme par exemple parler de certains sujets et en éviter d'autres. Si l'un des partenaires sort de ce cadre, l'objectif de la vente s'éloigne, c'est notamment le cas où la relation évolue vers un mode amical. Le vendeur qui par son comportement semble considérer ses clients comme des amis connaît ensuite les plus grandes difficultés à conclure sa vente. Nous ne voulons pas dire qu'une attitude amicale est systématiquement à proscrire, mais seulement que nous devons savoir faire la différence entre les comportements qui représentent l'amitié, la courtoisie ou l'amabilité, ces deux derniers étant souvent beaucoup plus efficaces pour conclure la vente.

Les rôles spécifiques de client et de vendeur ne sont pas codifiés par des textes ou des théories, ils sont appris de façon informelle − on a l'impression de le savoir sans l'avoir appris − cependant, si l'on sort de ces rôles on s'en rend compte parce qu'on l'éprouve.

Nos comportements proviennent de notre état intérieur. Dans la vente, certains états sont plus utiles et plus efficaces que d'autres, notre rôle de vendeur consiste à les connaître, à savoir les reconnaître chez nos clients et à savoir par notre comportement comment les produire.

Au moment de l'accueil, nous voulons inspirer confiance au client, parce que c'est le seul moyen d'établir un bon contact, ensuite, nous voulons stimuler sa curiosité puis déclencher son intérêt pour le guider vers la décision d'achat.

## 9 – Comment provoquer ces états intérieurs

## A – LA CONFIANCE

Si vous vous posez la question de savoir qu'est-ce qui vous met en confiance lorsque vous êtes en situation de client, plusieurs choses vous viennent à l'esprit. Il y a d'une part certaines généralités, d'autres part certaines particularités qui tiennent à votre personnalité. Notre travail va consister à démêler ces facteurs pour retenir les généralités que nous appliquerons ensuite dans notre comportement.

Pour savoir de quoi se compose la confiance, comme pour n'importe quel autre état intérieur, nous retenons certains critères que nous avons rapidement expliqués plus haut : le temps, l'orientation vers soi ou vers les autres, le caractère actif ou passif et, le cas échéant, le rythme.

Pour ce qui concerne la confiance, on peut affirmer que c'est une émotion ancrée dans le présent qui prend souvent racine dans le passé et se projette dans l'avenir, nous faisons confiance à quelqu'un parce qu'une série d'informations que nous avons reçue nous le permet et nous incite à penser que nous atteindrons nos buts grâce à lui.

La confiance est une émotion orientée vers l'autre, en effet, elle dépend subjectivement de ce que la personne reçoit de son interlocuteur.

Nous déduisons de cela que la confiance est plutôt ressentie sur un mode passif ; faire confiance à quelqu'un signifie que nous attendons de lui certains comportements mais que nous ne le jugeons pas.

Dans le cas de la confiance, le rythme n'est pas pertinent. On peut aussi bien éprouver de la confiance avec rapidité qu'avec lenteur.

Ces quatres distinctions permettent d'éclairer des points de repère qui viennent nous aider à adapter notre comportement. Etant donné que, quand nous faisons confiance à quelqu'un, nous sommes orientés vers lui et que nous nous en remettons à sa compétence, pour susciter cet état intérieur, le comportement du vendeur et les informations qu'il fournit au client représentent la clé. Autrement dit, gagner, maintenir ou perdre la confiance du client dépend du comportement du vendeur.

L'IMAGE QUE L'ON OFFRE A SON CLIENT EST SOUVENT DETERMINANTE.

Ici, la présentation compte doublement. Par rapport à soi-même parce qu'en étant à l'aise dans son apparence on éprouve un sentiment de confiance en soi et que celui-ci va à son tour pouvoir être communiqué au partenaire *via* sa perception inconsciente.

Nous ne donnons aucun conseil spécifique quant à la présentation si ce n'est qu'elle doit être adaptée au profil de la société que l'on représente ou à celui du magasin dans lequel on travaille. Imaginez un instant vendre des objets d'art dans la tenue que vous mettez pour bricoler à la maison !

Par ailleurs, et bien que cela marche pour certains, nous déconseillons les tenues trop voyantes qui agressent le client, excepté bien entendu si elles sont portées comme une vitrine de ce qui est vendu dans le magasin.

Sur le plan tout à fait personnel, nous n'apprécions guère ce qu'on appelle parfois le « total look », c'est-à-dire la tenue qui vous fait paraître de pied en cap en tous points conforme à l'image du magazine ou au mannequin de la vitrine. Cela nous donne une impression désagréable de manque d'imagination, ce qui pour un vendeur constitue un sérieux handicap.

Certaines entreprises conseillent de façon informelle ou pas à tous les vendeurs de l'équipe de s'habiller selon certaines règles, le nouveau venu n'y échappe pas s'il veut s'intégrer à l'équipe. Cela aboutit à ce que d'après leur tenue spécifique il devient facile de reconnaître leurs représentants parmi d'autres.

Nous offrons au client l'image de la société pour laquelle nous travaillons et celui-ci fera naturellement un lien entre notre aspect et l'image de l'entreprise. C'est ce qui explique que l'on puisse chercher à uniformiser l'aspect des vendeurs de manière à éviter l'originalité qui pourrait effrayer le client. Il convient en tant que responsable de s'interroger sur ce point en essayant de savoir à quels clients l'on s'adresse.

Les signes extérieurs de prospérité peuvent aussi bien mettre en confiance que susciter de la méfiance, sachons les doser en se souvenant que l'élégance et la classe sont souvent discrètes, les clients qui y sont sensibles sauront les apprécier, les autres aussi mais indirectement car rien ne sera ostensiblement montré qui puisse choquer. Inversement, si vous donnez dans le style « arbre de noël » cela risque de faire fuir nombre de clients !

Le cas de la voiture est différent car le public dans son ensemble reconnaît que le représentant qui passe une grande partie de son temps sur la route a besoin d'une voiture confortable et rapide. Par ailleurs, la voiture montre le statut des gens et peut constituer un moyen de sécuriser le client surtout en prospection. En visite de clientèle, le sujet automobile sera peut-être évoqué et pourra servir de moyen indirect de recueil d'information pour mieux connaître les critères du client comme nous le verrons par la suite.

En France, on a tendance à se méfier des gens qui font voir leur prospérité de façon agressive, la discrétion demeure une valeur sûre car le client a tendance à nous juger au premier coup d'œil, de même que nous sommes aussi tentés de le faire, c'est pourquoi nous devons être attentifs à l'image que nous lui présentons.

LES MOTS QUI INSPIRENT CONFIANCE

Comme Jean de la Fontaine le faisait dire au renard de la fable : « Si votre ramage se rapporte à votre plumage... ». De la même façon, ce que nous disons et comment nous le disons doit venir compléter notre image qui veut inspirer confiance.

Au niveau du discours, nous avons mentionné plus haut que les voix graves ou médium étaient en principe perçues comme plus sécurisantes que les voix haut perchées. Nous utiliserons donc cette gamme de sons dans notre premier abord, ce que nous obtiendrons facilement en ralentissant légèrement notre rythme habituel. Mais, au-delà de cette condition il y a ce que nous allons dire et le ton que nous allons employer.

Nous recommandons au vendeur de faire en premier une chasse impitoyable aux mots catastrophes dont il pourrait être tenté de se servir et qui inconsciemment ou non, induisent de la méfiance chez le client, le font même fuir dans le pire des cas !

*Exemple*

— « Vous ne risquez rien à jeter un petit coup d'œil ! »
— « Vous désirez un petit renseignement ? »
— « Excusez moi, je ne voulais pas vous faire perdre du temps ! »

Dans ces exemples, la pensée n'est peut-être pas complètement négative mais sa formulation l'est totalement et, au niveau inconscient, ces mots viennent frapper l'esprit du client d'autant de signaux d'alerte qui, s'ils s'accumulent, déclenchent des réticences ou même un échec. Quand on parle de risque, de perte, et de petites choses, on donne une réalité à ces mots que l'on évoque, mieux vaut parler de gain, de découverte et des choses intéressantes sans chercher à les rendre petites.

Ceci se travaille essentiellement en pratiquant une auto-observation de ce que l'on dit et en transformant les formulations négatives. Cela se travaille également en améliorant la confiance en soi. La PNL nous confirme que notre état intérieur, nos processus internes et notre comportement extérieur sont intimement liés. Ainsi, en modifiant notre comportement, nous modifions aussi notre état intérieur. Autrement dit, si nous adoptons des formulations positives cela a de fortes chances de nous influencer dans un sens positif.

Toujours au niveau du discours, certains auteurs conseillent d'adopter les accents et d'utiliser les dialectes. Le vendeur qui, originaire d'une région se trouve en connaître l'accent et éventuellement le dialecte, peut bien entendu s'en servir, cela joue en sa faveur dans sa stratégie de mise en confiance. Cependant, s'il vient d'ailleurs et que ses dons naturels n'en font pas un imitateur, il a grand intérêt à garder sa façon de parler sous peine de paraître manquer de sincérité, ou même se moquer de ses interlocuteurs.

Il existe aussi des personnes qui, très rapidement, adoptent de façon naturelle les accents et les façons de parler des gens qu'elles côtoient. Si elles cherchaient à s'en empêcher cela manquerait de sincérité, en revanche, elles ont parfois intérêt à faire remarquer cette tendance naturelle qui signifie dans l'esprit du client « il me ressemble » et donc « je peux avoir confiance ».

Ces personnes qui adoptent facilement les accents locaux sont généralement auditives, les visuels tendent davantage à s'adapter au niveau de leur aspect, quant aux kinesthésiques ils se mettent naturellement dans l'ambiance.

## B – LA CURIOSITE ET L'INTERET

La curiosité apparaît lorsque l'on veut connaître quelque chose qui dans l'instant présent demeure caché ; l'intérêt s'apparente à la curiosité mais concerne davantage la personne. On peut être curieux pour soi ou pour quelqu'un d'autre ou simplement par désir de connaître quelque chose, mais quand on est intéressé, ce que l'on désire découvrir est vraiment personnel. On est plus impliqué sur un plan personnel par l'intérêt que par la curiosité, cependant, on peut affirmer que la curiosité précède l'intérêt, et c'est précisément cela que nous allons susciter chez le client dès que le climat de confiance est acquis.

En reprenant nos quatre critères : temps, orientation vers soi ou vers l'autre, activité ou passivité et rythme, nous remarquons que la curiosité et l'intérêt sont des états intérieurs orientés vers le futur. En effet, nous ne sommes curieux ou intéressés que par quelque chose que nous ignorons dans le présent, c'est la recherche de la découverte à venir qui nourrit la curiosité.

La curiosité et l'intérêt sont globalement orientés vers soi, avec un degré plus important pour l'intérêt. La curiosité et l'intérêt sont vécus subjectivement sur le mode actif, la personne s'engage dans un comportement destiné à les satisfaire. Quant au rythme, il est plutôt rapide. Quand on éprouve de la curiosité on a souvent hâte d'être satisfait, de même pour l'intérêt.

### Exemples

— « Je viens de recevoir quelque chose qui va sûrement vous intéresser ! »

— « La nouvelle collection est arrivée ce matin, vous la découvrez en même temps que moi ».

— « Le modèle que vous regardez est un des plus intéressants... »

— « Nous allons faire une étude comparative de votre contrat et vous serez certainement agréablement surpris des économies que vous pourrez réaliser ».

Ces quatres phrases vont dans le sens d'aiguiser la curiosité du client. Souvenons nous que nous travaillons dans le futur quand nous voulons susciter de la curiosité. Dans ces affirmations, les verbes « intéresser », « découvrir », « surprendre » sont employés à cet effet. La troisième affirmation peut faire office d'entrée en matière, le client regarde un article et le vendeur s'approche en lui disant que cet article est des plus intéressants. Par voie de conséquence le client peut se demander pourquoi et il entre dans un état interieur de curiosité.

Avec cette orientation dans le futur de la curiosité, tout ce qui évoque la nouveauté, l'avant-première, l'opportunité de découvrir avant les autres marche très bien. Les magasins qui invitent leurs clients fichés à venir pour les soldes avant les autres ont bien compris cela. Le client se dit que s'il est plus prompt que son voisin il fera une bonne affaire et, de la curiosité, il passe à l'intérêt.

Dans la quatrième affirmation, l'orientation vers l'intérêt est plus nette car le vendeur parle d'économies qu'il peut faire réaliser à son client et vous ne trouverez jamais de client qui veuille en toute connaissance de cause payer plus cher pour les mêmes services. Le client est intéressé quand il pense qu'en achetant le produit il va gagner quelque chose de précieux : du temps, du confort, de l'originalité et aussi économiser de l'argent.

*Exemples*

— « Si vous achetez ce modèle aujourd'hui, vous bénéficiez du tarif de l'année en cours tandis que si vous le prenez dans deux mois, ce sera le tarif de l'année prochaine, vous payerez donc plus cher le même modèle ».

— « Nous tenons à étudier la situation personnelle de chacun de nos clients avant de leur proposer quoi que ce soit, ainsi, nous sommes sûrs que nos produits sont bien adaptés ».

— « Prenez le temps de réfléchir car il y va de votre intérêt ».

## 10 — Comment vérifier le résultat : le calibrage

Nous savons d'une part qu'à chaque état intérieur correspond un comportement spécifique et d'autre part que plus nous possédons et traitons d'informations, plus notre perception de l'autre se révèle précise et juste.

En conséquence, nous allons nous entraîner à observer soigneusement le comportement et les réactions de notre interlocuteur. Les participants à nos séminaires de PNL appliquée à la vente demandent souvent « que faut-il observer ? » tant il est vrai que nous émettons de nombreux et multiples messages.

Au début de ce chapitre, nous avons montré comment établir un contact positif avec notre client en pratiquant le mimétisme comportemental. Pour mettre en application cette technique une observation globale est indispensable. Quand nous allons passer à la technique de calibrage, nous affinerons cette première approche.

Quand une personne est attentive, intéressée, cela se voit et s'entend dans son comportement. D'une façon générale, nous avons certains critères qui nous permettent de nous en rendre compte mais nous aussi avons tendance à interpréter les faits et gestes de nos clients au lieu simplement de les percevoir.

Pour calibrer un comportement nous allons donc observer :
— la posture du corps ;
— les gestes : rythme et direction ;
— la distance par rapport à l'interlocuteur ;
— la qualité de la voix ;
— l'expression du visage et les micro-comportements.

On appelle micro-comportements des variations infimes du tonus des muscles du visage principalement au niveau des lèvres, et les changements minimes de couleur de la peau au niveau du visage et du cou. Souvenez-vous de la dernière fois que vous avez vu un client intéressé par ce que vous lui proposez et contrôlez les points suivants.

— Comment était la posture de son corps, était-il penché en avant ou en arrière, sur un côté, la tête était-elle droite ou penchée ?
— Quand vous le jugiez intéressé, ses gestes se sont-ils accélérés ou ralentis ?
— Votre client intéressé s'est-il rapproché ou éloigné de vous ?
— Sa voix a-t-elle légèrement augmenté de volume, était-elle plus aigüe ou plus grave qu'au début de l'entretien, le rythme de la parole était-il plus rapide ou plus lent ?
— Vous souvenez-vous de l'expression du visage de votre client : position des sourcils, expression de la bouche, couleur de la peau ?

Quand vous avez répondu à ces questions, vous avez construit un portrait que vous pouvez intituler « client X intéressé ». En fait, vous avez très probablement vu et entendu tous les points décrits plus haut, mais, vous n'en avez retenu que quelques-uns pour savoir avec certitude que votre client était intéressé.

A présent, reprenez cette image de votre client et imaginez un instant que sont intérêt se relâche puis posez-vous la question : « Qu'est-ce que je vois et entends qui me permet d'être sûr que son intérêt se relâche ? »

Quand vous aurez répondu à cette question cela vous permettra de savoir quels sont les points que vous observez en priorité, et, par conséquent quels sont ceux que vous devez travailler pour améliorer votre sens de l'observation et votre intuition.

Retenons impérativement que le calibrage n'est en aucun cas une façon de juger le client, mais seulement un moyen de vérifier le résultat de votre action et nous devons savoir que les mêmes gestes ou les mêmes mots n'ont pas toujours le même sens selons qui les emploie ou les prononce.

## 11 – Les jeux de rôles

### A – LES THEMES

A présent, nous allons présenter quelques thèmes destinés à nous exercer dans nos séminaires de formation, et aussi de nous faire réfléchir à nos comportements dans certaines circonstances.

Ces jeux ont pour but de nous faire prendre conscience de nos propres appréciations quant à la qualité de l'accueil et nous conduisent à nous demander ce que nous pouvons faire pour améliorer notre façon de faire.

1) Un client entre dans le magasin, le vendeur est au téléphone...

2) Un couple se présente dans le magasin, le vendeur est occupé avec un autre client, le monsieur s'impatiente...

3) Au téléphone, la secrétaire a pour consigne de faire un barrage systématique et refuse sous un mauvais prétexte de vous mettre en communication avec le responsable.

4) Vous avez obtenu un rendez-vous avec un chef d'entreprise qui pourrait être un client important, vous attendez sous l'œil narquois de la secrétaire...

5) Vous visitez un prospect qui a renvoyé un coupon réponse pour recevoir une information sur les propositions de votre société.

6) Vous êtes client et entrez dans une agence de voyage, vous voulez partir en vacances mais vous n'êtes pas décidé sur le lieu.

### B – L'EXPLOITATION DES JEUX DE ROLES

Dans le cas où ces jeux sont enregistrés en vidéo, il est utile de ne pas les prolonger au-delà de cinq à six minutes ce qui est amplement suffisant pour mettre en évidence les détails que l'on veut travailler.

Le rôle de l'animateur est de provoquer et de canaliser les réactions du groupe en incitant les participants à observer très attentivement. En aucun cas cela ne doit ressembler à un jugement des acteurs.

Il est possible après avoir regardé l'enregistrement de demander d'abord aux acteurs eux-mêmes quel est leur sentiment à l'égard de leur prestation, ensuite seulement de recueillir les impressions du groupe.

L'animateur doit repérer comme nous l'avons montré au chapitre précédent les comportements répétitifs et peu efficaces qui limitent l'action du vendeur, tels que la phrase standard que l'on prononce systématiquement pour accueillir le client. En règle générale, dès le moment de l'accueil le vendeur cherche à savoir ce que veut son client et souvent la prise de contact et le recueil d'information se mélangent ou se chevauchent. L'exploitation des jeux de rôles offre la possibilité de le montrer précisément.

Au chapitre suivant, nous allons étudier l'activité de recueil d'information qui est un point capital dans la vente, nous verrons aussi comment cette activité s'intègre aussi bien dès le premier contact qu'ensuite.

# Chapitre IV

# RECUEILLIR DES INFORMATIONS

Dans la vente, l'activité de recueil d'informations s'effectue à tout moment, cependant, il est préférable de la pratiquer en début d'entretien car, si au moment de conclure le vendeur s'aperçoit qu'il a orienté son client vers un produit particulier alors que celui-ci ne correspond pas vraiment à la demande, tout le processus est à reprendre. Un recueil d'informations efficace prévient l'apparition des objections, pour y arriver nous disposons essentiellement de notre sens de l'observation et de notre habileté à questionner.

L'un ne va pas sans l'autre, si le vendeur pose de bonnes questions mais qu'il ne sait pas comment traiter les réponses et réactions qu'il obtient, le résultat est nul, de même s'il observe attentivement mais qu'il s'abstient de poser des questions ou s'il s'y prend de façon malhabile.

Dans ce chapitre, nous étudierons d'abord de nouvelles techniques d'observation qui viendront parfaire le calibrage, puis des techniques de questionnement destinées à connaître avec précision l'objectif du client.

## 1 – L'atout majeur : l'observation, la perception sensorielle

Nous avons vu au chapire précédent comment calibrer c'est-à-dire quels signes observer pour reconnaître chez le client un état intérieur. Maintenant, nous allons compléter cette étude par d'autres points à observer, grâce aux techniques spécifiques de la PNL, qui font passer de la photographie au cinéma.

## A – LES SYSTEMES DE REPRESENTATION SENSORIELLE

Nos sens sont en permanence sollicités par les informations venant de l'extérieur ou de l'intérieur de nous-mêmes. Notre perception sensorielle est donc sans arrêt active, à chaque instant nous percevons des informations. Ces informations guident notre comportement en nous fournissant les données nécessaires pour nous adapter, quand nous ressentons du froid, cela nous incite à nous couvrir davantage, quand nous avons en face de nous quelqu'un qui nous sourit, cela nous incite à nous montrer aimable, etc.

Cependant, nous ne sommes pas conscients en même temps de toutes nos perceptions, si c'était le cas nous serions aux prises avec un véritable casse-tête et cela nous désorganiserait totalement. En fait, nous ne sommes conscients que d'un seul type d'information sensorielle à la fois : quand nous parlons avec un client, nous pouvons être conscients d'informations visuelles, son aspect ou ses gestes par exemple, et, pendant ce temps-là nous ne prêtons pas attention à ce qu'il dit. Mais, comme nous passons très vite d'un mode de perception à un autre, nous sommes convaincus que cela ne nous freine pas dans notre compréhension car nous n'avons pas toujours conscience des filtres (le système de représentation sensoriel dominant et les critères) que nous appliquons.

Notre expérience quotidienne nous montre comment nous sélectionnons en permanence certaines informations sensorielles, or, dès l'instant où l'on choisit quelque chose, on laisse de côté quelque chose d'autre, ainsi, progressivement au cours de notre développement nous sélectionnons un mode de perception de notre environnement qui devient dominant au détriment des autres.

En PNL, nous appelons ce mode de perception un système de représentation sensorielle parce qu'il contribue à former notre représentation du monde ou carte de la réalité. Nous distinguons trois systèmes de représentation sensorielle : **visuel, auditif et kinesthésique.**

Le système kinesthésique regroupe toutes les perceptions autres que visuelles et auditives c'est-à-dire les perceptions tactiles, gustatives, olfactives, et les sensations internes.

Cette notion de sélection des informations est déterminante dans la communication car elle conduit les personnes à construire des représentations du monde fort différentes, et, quand on sait que les personnes agissent toujours en fonction de la leur, on comprend aisément que cela puisse donner lieu à de nombreuses difficultés. Ainsi, en premier lieu, nous construisons notre carte de la réalité à travers le filtre de notre perception sensorielle, ensuite s'ajoutent et s'entrecroisent nos croyances et les critères qui en découlent comme nous le verrons dans les chapitres suivants.

Pour l'instant, contentons nous d'observer quel est le mode de perception favori de nos interlocuteurs. Dans la vente, il est primordial si l'on veut maintenir un climat favorable de se servir du système de représentation sensorielle préféré du client.

Comme nous le montrons ci-après, l'observation des clés d'accès visuelles, c'est-à-dire des micro-mouvements involontaires des yeux nous renseigne sur le cheminement sensoriel de la pensée de notre client. Ainsi, quand nous observons une majorité de clés visuelles nous en déduisons que notre client pense en visuel, c'est-à-dire qu'il sera plus sensible à des arguments visuels : il faut donc lui montrer ce dont on parle ou le lui faire imaginer, tandis que si notre client présente une majorité de clés auditives, il nous faut lui parler en le guidant dans son dialogue intérieur et avancer des arguments en rapport avec son mode de perception favori. Dans le cas où notre client présente une majorité de clés kinesthésiques, cela nous indique que nous devons lui apporter des preuves concrètes et tangibles car il ne saurait se contenter de beaux discours ni de belles images.

En outre, la PNL nous apprend que le fait de se sentir vraiment concerné par une expérience implique qu'elle comporte toutes les modalités sensorielles. Il existe par exemple pour chacun d'entre nous des musiques que nous aimons entre toutes, quand nous les écoutons, nous pouvons construire ou nous souvenir d'images et éprouver une émotion, en faisant cela, nous parcourons toutes les modalités sensorielles, ce que nous entendons nous fait voir des images et éprouver des émotions ou des sensations. Quand nous nous souvenons parfaitement de quelque chose, toutes les modalités sensorielles sont également représentées.

En conséquence, nous appliquons ceci dans notre argumentation afin de concerner réellement le client en lui donnant une représentation sensorielle complète de son objectif d'achat.

## B – LES CLES D'ACCES VISUELLES

Rappelons que calibrer un état intérieur par l'observation des signes du comportement qui le manifestent c'est en quelque sorte photographier la personne. Maintenant, grâce aux clés d'accès visuelles, nous allons filmer notre client.

Les clés d'accès visuelles sont les mouvements involontaires des yeux qui surviennent en permanence dans toutes les activités de la personne.

Le schéma page 62 montre les principales directions des mouvements involontaires des yeux.

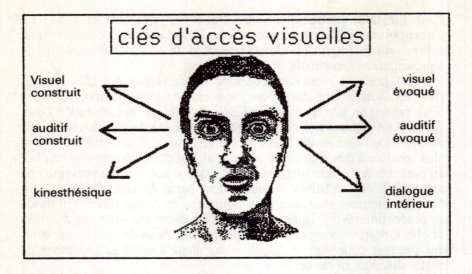

Les clés d'accès visuelles représentées sur ce schéma sont celles des droitiers, celles des gauchers sont inversées.

## LES CLES VISUELLES

Quand nous observons que les mouvements involontaires des yeux ont tendance à se diriger vers le haut, cela signifie que la personnes pense en images, si nous voyons ces mouvements vers le haut et la gauche, la personne crée des images, vers le haut et la droite, elle se souvient d'images, lorsqu'elle regarde droit devant elle en donnant l'impression de ne rien fixer de précis (regard dans le vague) il s'agit aussi d'une pensée en images.
— **Regard vers le haut et la droite : images évoquées.**
— **Regard vers le haut et la gauche : images construites.**
— **Regard dans le vague : réflexion sous forme d'images.**

## LES CLES AUDITIVES

Quand nous voyons le regard de la personne se diriger sur les côtés en suivant un plan latéral, cela signifie que la personne pense en utilisant des sons : mots, musiques, bruits divers.
Si les mouvements des yeux vont vers le haut et la droite la personne se souvient de sons ; s'ils vont vers le haut et la gauche la personne crée des sons.
Une autre clé auditive très importante survient quand la personne dirige son regard vers le bas et la droite, cela veut dire alors qu'elle se parle à elle-même, elle est dans son dialogue intérieur.
— **Regard latéral à droite : sons évoqués.**

— **Regard latéral à gauche : sont crées.**
— **Regard vers le bas et la droite : dialogue intérieur.**

LES CLES KINESTHESIQUES

Quand le regard de la personne se dirige vers le bas et la gauche, cela signifie qu'elle est en contact avec ses sensations kinesthésiques, autrement dit, elle pense en mettant en œuvre des sensations tactiles, olfactives, gustatives, des sensations internes, des émotions. Quand la personne regarde devant elle vers le bas, il s'agit aussi d'une clé kinesthésique.

— **Regard vers le bas et la gauche : pensée kinesthésique.**
— **Regard vers le bas : pensée kinesthésique.**

Ce qui est intéressant, c'est d'une part de savoir reconnaître l'apparition dominante d'une clé parce qu'elle nous renseigne sur le système de représentation sensorielle dominant de la personne, et, d'autre part d'observer attentivement les séquences récurrentes de clés d'accès visuelles qui donnent cette fois accès aux stratégies de la pensée.

Lorsque la personne réfléchit et s'exprime, les mouvements involontaires de ses yeux parcourent des séquences qui se répètent, comme si elle déroulait un programme bien établi. Cette séquence c'est la stratégie de la personne et il convient de la suivre en reprenant les modalités sensorielles de ses étapes lorsqu'on présente des arguments. Pour nous résumer, les clés d'accès visuelles montrent clairement le système de représentation sensorielle utilisé par la personne : visuel, auditif ou kinesthésique, et l'enchaînement des clés d'accès visuelles montre les modalités sensorielles du cheminement de la pensée.

*Exemple*

Le client regarde en haut et à droite et vous dit : « j'ai vu ce modèle chez un de vos concurrents, et il coûtait nettement moins cher ! »
Il s'agit d'une image évoquée, il se souvient de ce qu'il a vu, probablement visualise-t-il l'objet ou l'étiquette et il commente l'image. Pour lui répondre on choisit ce système de représentation sensorielle :
— « Pouvez-vous me décrire précisément le modèle que vous avez vu, il y a peut-être des différences qui sont passées inaperçues au premier coup d'œil ».

*Exemple*

« Le client regarde vers le bas et la droite, puis vous dit « je me demande si vous avez un micro-ordinateur de la marque X ».
Pour utiliser le même système de représentation sensorielle et le même début de séquence de réflexion vous pouvez répondre :
— « Vous faites bien de poser cette question car cette marque est

encore peu connue, j'en possède pourtant la plupart des modèles ».
A travers ces exemples, nous comprenons que l'observation des clés
d'accès visuelles se complète par celle du choix des mots. Le système
de représentation sensorielle utilisé se traduit d'une part dans les clés
d'accès visuelles, d'autre part dans le choix des mots.

## C – LE CHOIX DES MOTS

Quand le client s'exprime en utilisant son système de représentation
sensorielle préféré, cela se traduit dans le choix des mots.

*Exemples*

— « *J'ai entendu dire* que les réfrigérateurs Sigma étaient garantis cinq
ans, est-ce exact ? »
— « *Je ne vois pas* la différence entre ces deux tondeuses sauf que l'une
est noire et l'autre rouge ».
— « *Je ne vous suis pas* très bien dans vos explications, donnez-moi un
exemple concret ! »
Dans chacune de ces trois affirmations, le client qui parle s'exprime
en faisant référence à un système de représentation sensorielle, auditif
pour la première, visuel pour la seconde et kinesthésique pour la
troisième.
Nous choisissons de cette façon des mots à référence sensorielle pour
exprimer des réalités sensiblement identiques :

*Exemple*

— « Je *vois* bien ce que vous voulez dire ».
— « *J'entends* bien cela ainsi ».
— « Je *vous suis* tout à fait sur ce terrain.
Ces trois affirmations signifient que la personne est d'accord avec son
interlocuteur, ce qui les différencie, c'est le système de représentation
sensorielle qui est en jeu.
De cette façon, quand nous communiquons nous utilisons notre
système de représentation sensorielle préféré et, qui plus est, pour ne
pas le quitter nous avons même tendance à traduire ce que dit notre
client.

*Exemple*

Le client : « A *première vue,* cette voiture pourrait m'intéresser ».
Le vendeur : « Vous avez raison de vous dire cela, nous avons dû en
*entendre beaucoup* de bien par ses possesseurs ».
Dans cet exemple, le client parle en visuel et le vendeur lui répond en
auditif, en faisant cela il va à son encontre et peut même bloquer son
intérêt.

Chaque fois que l'on cherche à convaincre, il est impératif dans un premier temps de se mettre en phase avec le client en appliquant les techniques de mimétisme comportemental et en accordant son propre choix des mots à celui du client. C'est une façon de maintenir le climat de confiance. Le client se fiant toujours au vendeur qui lui ressemble. Dans un second temps, il est possible et même souhaitable de parcourir d'autres modalités sensorielles, mais seulement après s'être accordé à la première utilisée.

Pour éviter des répétitions fastidieuses, nous ne donnerons pas ici de liste de mots car le lecteur en trouvera dans nos autres ouvrages ainsi que des exercices destinés à traduire d'un système de représentation sensorielle en un autre.

Ce qui importe de savoir c'est que le choix des mots indique le système de représentation sensorielle utilisé par le client. Pour apprendre à les reconnaître, nous conseillons dans un premier temps de pratiquer une auto-observation de notre propre langage et de remarquer l'usage préférentiel que nous faisons des mots à référence sensorielle. Nous saurons de la sorte si nous préférons voir, entendre ou sentir notre environnement.

Certaines personnes trouvent relativement compliqué d'observer les mots kinesthésiques, car elles sont la plupart du temps orientées vers le mode visuel. D'autres auteurs ne parlent pas de personnes kinesthésiques mais utilisent à la place les termes de « sensation, action, mouvement ». Ceci peut représenter un moyen facile pour repérer le choix des mots : les mots qui évoquent les sensations, l'action et le mouvement sont en effet souvent kinesthésiques. Nous émettons cependant la réserve suivante : l'action et le mouvement ne sont pas l'exclusivité des personnes à dominante kinesthésique. A l'évidence, les visuels et les auditifs y ont bien entendu accès.

Ainsi, quand le client nous parle, nous devons être attentifs aux mots qu'il choisit pour exprimer son avis, ce sont précisément ceux-là qu'il s'agit d'utiliser à notre tour pour lui répondre.

En fonction du système de représentation dominant, nous pouvons observer trois types d'aspects et de comportements chez nos clients.

**Le client visuel :** le type physique est souvent élancé, mince avec un port de tête et une posture un peu raide, il donne l'impression de tendre le cou pour mieux voir ! Le client visuel parle souvent vite et regarde droit dans les yeux ; son débit est un peu saccadé avec des phrases courtes et il utilise largement les possibilités aiguës de sa voix. Les gestes de ce client sont souvent dirigés vers le haut, il semble dessiner dans l'espace les objets qu'il décrit avec bien évidemment des mots à référence visuelle.

**Le client auditif :** physiquement rien ne le caractérise vraiment, ce sont plutôt ses postures qui manifestent l'utilisation du mode auditif.

En effet, ce client lorsqu'il écoute penche la tête sur le côté en position dite du téléphone ; quand il parle, il ne vous regarde pas toujours. Souvent il croise les bras, adopte aussi des postures décontractées. Le plus caractéristique cependant du client auditif c'est l'utilisation de sa voix, il parle avec facilité, en utilisant un ton mélodieux ni trop grave ni trop aigu. Sa voix est généralement expressive et bien timbrée, il fait attention à ce qu'il dit, choisit ses mots car il est très important selon ses critères que cela sonne juste. Le client auditif est souvent bavard et charme ses interlocuteurs, il est aussi très sensible aux intonations de la voix des autres ce qui dans certains cas peut le bloquer.

**Le client kinesthésique :** physiquement, c'est le type du bon vivant, sa silhouette est souvent un peu ronde, il bouge beaucoup mais avec souplesse et facilité, ses postures sont très décontractées. Il respire lentement, et parle lentement en utilisant un registre grave et en faisant souvent des pauses pendant lesquelles vous pouvez observer son regard se diriger en bas et à gauche. Le client kinesthésique a le sens du contact, il vous met à l'aise car il aime se sentir dans son élément. Très sensible aux ambiances, il est primordial de ménager son côté affectif, les émotions, les sentiments et les sensations représentent le monde dans lequel il vit.

Quand on cherche à classer, à mettre des étiquettes sur des comportements, cela fournit un outil commode pour repérer de grandes lignes. Cependant, nous devons rester attentifs et ne pas nous contenter de ces généralisations ; toute règle a ses exceptions et il n'en manque pas à celles que nous venons de décrire.

En tant qu'observateur avisé, nous avons la prudence de réserver notre opinion tant que nous ne possédons pas toutes les informations qui la justifient.

## D – LES STRATEGIES

Quand nous disions passer de la photographie au cinéma, nous voulions souligner que l'observation de faits isolés, pratique pour l'étude, n'est pas suffisante et qu'il nous fallait passer à la vitesse supérieure en étudiant cette fois le comportement dans son aspect dynamique.

En termes PNL, une stratégie c'est une série d'étapes que la personne parcourt quand elle réalise une opération mentale : prendre une décision, mémoriser, créer, etc. le schéma ci-dessous donne un plan type valable pour toutes les stratégies.

Dans la vente, ce qui nous intéresse c'est bien sûr la prise de décision d'achat et nous allons étudier quelles en sont les étapes. Comme toutes les stratégies, la prise de décision d'achat se caractérise par trois étapes : l'entrée des données, les opérations et la sortie. Chacune de ces étapes met en jeu un système de représentation sensorielle que

modèle général pour les stratégies

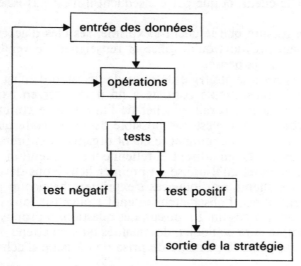

nous devons découvrir pour pouvoir ensuite réutiliser la séquence. C'est en effet le moyen le plus sûr de convaincre le client car il vaut toujours mieux se servir de ce qui existe objectivement plutôt que de chercher à créer autre chose partant du principe qu'il est plus facile de comprendre un mode de raisonnement déjà familier.

*Exemple*

— « Comment avez-vous décidé d'acquérir cette voiture ? »
— « C'est sa ligne qui m'a plu dès le premier coup d'œil, ensuite j'ai voulu l'essayer, j'ai comparé avec d'autres modèles de marques différentes, mais j'ai finalement choisi la première car, en plus de l'esthétique elle est très spacieuse et confortable ».

Dans cet exemple, nous trouvons en premier lieu une entrée visuelle : le client est sensible à l'aspect de la voiture, il n'a aucune envie d'essayer une voiture qui ne corresponde pas à ce premier critère. Ensuite, il veut essayer c'est-à-dire avoir un contact kinesthésique avec l'objet pour mettre à l'épreuve d'autres critères tels que le confort ou la vitesse ou la logeabilité. Le client se livre alors à une série de comparaisons mettant en jeu les modalités visuelles et kinesthésiques. Quand il prend sa décision, c'est le système kinesthésique qui sert de point clé et conclut la stratégie.
Nous remarquons que, dans cette stratégie, le dialogue intérieur n'est pas évoqué dans les termes du client. Cela ne signifie pas qu'il soit absent mais sans doute seulement mis au second plan. De la même

façon, les aspects auditifs (voiture silencieuse ou non) ne sont pas exprimés ce qui conduit à penser que ces critères n'ont que peu de valeur pour le client, et que par conséquent il n'est pas essentiel d'en parler.

Au fur et à mesure que le client s'exprime, ses clés d'accès visuelles accompagnent les mots qu'il utilise et renseignent le vendeur sur le cheminement de la pensée.

Pour avoir accès à la stratégie de prise de décision d'achat du client, la méthode la plus simple consiste à lui demander en parlant d'un autre object auquel il paraît attacher de l'importance comment il est venu à l'acquérir. S'il n'est pas possible de poser cette question, le vendeur observe alors comment le client organise son premier choix, quels sont les objets qui attirent et retiennent son attention et quel est le système sensoriel qu'il utilise en premier lieu. Nous devons savoir que même les clients peu loquaces s'expriment beaucoup plus qu'ils ne le pensent, ainsi, l'observateur attentif trouve-t-il tous les renseignements dont il a besoin. En posant des questions à propos de ce que le client compte faire de l'objet, des qualités qu'il en attend, le vendeur découvre sans peine la stratégie de prise de décision d'achat.

*Exemple*

Un cas en apparence difficile se révèle une excellente opportunité pour découvrir la stratégie de prise de décision d'achat lorsque le client dit par exemple :

— « Je voudrais un lave-linge vraiment bien, mais surtout n'essayez pas de m'en vendre un de chez Z ! »

— « Vous n'en avez pas été satisfait ? »

— « Pas vraiment en effet, je reconnais cependant que je n'ai rien eu à lui reprocher sur le plan de la solidité, mais il était tellement bruyant que c'était un vrai supplice, quand il marchait on n'entendait plus la télé, et cela le vendeur s'était bien donné garde de me le dire ! »

— « Quand l'aviez vous acheté ? »

— « Il y a huit ans »

— « Les constructeurs ont fait beaucoup d'efforts pour insonoriser leurs modèles depuis cette époque car c'est en effet vraiment désagréable d'avoir un appareil bruyant... Comme vous de nombreux clients se plaignaient du bruit ».

Au cours de cet échange, il est facile de constater que le système auditif joue un rôle essentiel dans la prise de décision d'achat. Le client qui parle ainsi est selon toute vraisemblance auditif, et, si le premier contact est positif, il se laisse facilement convaincre avec une démonstration verbale logique, c'est ainsi qu'il entre dans sa stratégie de prise de décision d'achat. Ensuite, il s'agit de lui fournir les preuves de ce qu'on vient de dire, et cela de façon kinesthésique et auditive en insistant sur les qualités de robustesse et de commodité ; s'il est possible de lui donner une démonstration de l'appareil et que le critère auditif de silence est respecté, la vente se conclut.

La porte d'entrée dans la prise de décision d'achat est donc visuelle auditive ou kinesthésique. Ensuite, la phase d'opérations peut être comprise comme une série de vérifications impliquant d'autres critères et d'autres modalités sensorielles, si l'ensemble de ces vérifications apparaît positif, le client prend sa décision, sinon il recommence ses vérifications ou change carrément d'avis et sort de sa stratégie sans avoir rien acheté.

*Exemple*

Un de nos stagiaires nous raconte l'anecdote suivante :

— « Ce canapé me plaisait beaucoup pour sa forme, cependant je n'arrivais pas à me décider pour le tissu, trop clair ou trop foncé, des motifs trop voyants qui auraient été démodés très vite, j'étais bien ennuyé, quand le vendeur m'a proposé du cuir. Il m'a montré ce que cela donnait sur d'autres modèles et j'ai pensé que c'était exactement cela qu'il me fallait, cela m'a convaincu, en plus j'ai été livré dans la semaine ! »

Dans cet exemple, sans l'imagination du vendeur, le client n'arrive pas à se décider, il reste en quelque sorte coincé dans sa stratégie car un critère important n'est pas satisfait. Ici, l'entrée de la stratégie est visuelle, le client veut un canapé et c'est la forme de l'objet qui lui plaît et retient son attention, mais il ne peut pas se décider pour l'habillage. Si l'on étudie cela attentivement on s'aperçoit que le client ne voit pas exactement l'objet tel qu'on le lui présente mais plutôt essaye de l'imaginer : il possède une image personnelle de l'objet qui doit coïncider avec celle qu'on lui présente. Les mouvements de ses yeux sont dirigés vers le haut (visuel) et vont de droite à gauche (images construites, images évoquées). Pendant ce temps, au-delà des critères visuels se profilent des critères kinesthésiques de qualité et de durabilité, en effet, le client est conscient d'acquérir un objet dont il veut être satisfait autant dans le futur que dans le présent, or les tissus s'abîment, changent de couleur, se démodent. Au contraire, le cuir traverse le temps en acquérant une patine qui l'embellit, ainsi dès que le client voit et imagine son canapé revêtu de cuir la vente est conclue.

La dernière vérification d'ordre visuel (durabilité du cuir) conduit le client à un dialogue intérieur positif : il pense que c'est exactement cela qu'il lui faut, et sort ainsi de sa stratégie.

La sortie de la stratégie de prise de décision d'achat est généralement un dialogue intérieur positif qui aboutit à une sensation kinesthésique positive : le client se dit qu'il fait un bon achat et éprouve de la satisfaction. Son critère important (visuel, auditif ou kinesthésique) se trouve satisfait et cela induit une sensation positive indispensable pour sortir de la stratégie. Pour mettre en évidence ce point crucial de la décision, il suffit de poser quelques questions destinées à faire apparaître le critère à satisfaire. Comme nous appliquons à peu près toujours la même stratégie de prise de décision d'achat, les questions peuvent porter sur n'importe quel objet que le client a acquis.

Quand le vendeur remarque que le client hésite, cela lui indique qu'il est bloqué dans sa stratégie, les questions ou les remarques doivent aider le client à prendre sa décision.

— « Je vois que vous hésitez, cela montre que vous êtes une personne avisée. Y a-t-il un point que vous souhaitez éclaircir ? »

Le client qui hésite est généralement très proche de la décision, l'hésitation traduit un besoin d'information et le rôle du vendeur consiste à susciter les questions du client.

L'observation de la stratégie fournit des renseignements de la plus grande importance car ils vont permettre de présenter les arguments sous la forme la plus accessible au client. L'entrée, les opérations et la sortie de la stratégie mettent en jeu différents systèmes de représentation sensorielle dont il convient de déceler l'ordre d'apparition pour pouvoir l'utiliser ensuite dans la présentation des arguments.

Nous proposons trois questions types destinées à faire surgir les étapes de la stratégie.

— « Comment en êtes-vous venu à vous intéresser à cet objet ? »
— « Pourquoi celui-ci plutôt qu'un autre ? »
— « Qu'est-ce qui vous a finalement décidé à l'acquérir ? »

Dans l'ordre ces questions concernent l'entrée des données, les opérations et enfin la sortie de la stratégie. Elles sont à se poser pour connaître les grandes lignes de sa propre stratégie, et à garder présentes à l'esprit lorsqu'on recueille les informations.

Il demeure que l'on observe souvent des clés d'accès visuelles évoquant un système de représentation sensorielle différent de celui qu'indique le choix des mots. Le client utilise des termes à référence kinesthésique tandis que ses yeux regardent vers le haut ou encore droit devant lui. Toutes les combinaisons entre les trois systèmes de représentation sensorielle sont possibles, et, cela indique que ceux-ci remplissent une fonction bien déterminée dans la stratégie du client. On distingue trois fonctions attribuées aux systèmes de représentation sensorielle.

— Un système d'entrée des données : apparaissant, comme son nom l'indique, au début de la stratégie, il sert de porte d'entrée dans le processus de décision ou dans tout autre processus.

— Un système conducteur : servant à guider la réflexion et se manifestant dans les clés d'accès visuelles, ce système est utilisé inconsciemment.

— un système primaire ou système de référence : c'est celui qui domine les autres, qui apparaît le plus souvent, dont le client est conscient et qui se manifeste dans le choix des mots. C'est aussi et surtout le système sensoriel qui sert de point de décision pour la sortie de la stratégie.

Connaître l'existence de ces trois rôles des systèmes de représentation sensorielle permet de raffiner l'observation en classant les informations, ainsi, il devient possible de connaître quels sont les éléments d'informations dont le client a ou non conscience. Si, comme c'est souvent le cas, le système conducteur est visuel, et celui de référence kinesthésique, il est possible pour atteindre la réflexion du client de lui faire penser à des images positives qui déclenchent automatiquement une bonne sensation kinesthésique permettant d'accéder au point de décision de la stratégie.

## 2 – Déterminer l'objectif du client

L'observation de la stratégie de prise de décision d'achat nous renseigne sur la dynamique mentale du client, et nous donne un cadre pour notre action, mais nous avons également besoin d'informations pour remplir ce cadre. Pour ce faire, la PNL nous propose le modèle de la stratégie d'objectif que nous allons étudier maintenant.

## A – LA STRATEGIE D'OBJECTIF

Quand on sait ce que l'on veut, on multiplie ses chances de l'obtenir car, plus l'objectif est précis et plus les moyens de l'atteindre apparaissent clairement. En revanche, plus l'objectif est flou et moins on peut l'atteindre parce qu'en fait on ne sait pas très bien où l'on va.

La PNL à travers l'exemple du développement personnel et de la psychothérapie nous montre comment découvrir l'objectif de nos partenaires à l'aide de questions simples entrant dans des catégories de critères précis. En effet, tous les objectifs ne sont pas valables parce qu'irréalisables, dans certains cas c'est flagrant : si un client nous dit qu'il veut aller passer ses prochaines vacances sur la planète Mars nous n'y ajoutons pas foi, inversement s'il affirme vouloir acquérir un voilier de quinze mètres cette demande ne paraît pas particulièrement farfelue au premier abord. Il n'en demeure pas moins que cet objectif peut fort bien s'avérer impossible à atteindre si l'on considère certains de ses aspects et de ses conséquences probables.

Chaque fois que le vendeur parvient à connaître précisément l'objectif de son client il est assuré de conclure sa vente pour autant qu'il puisse répondre à la demande. En revanche, les mauvaises surprises, les avalanches d'objections proviennent toujours d'un objectif mal déterminé. Certains clients ne se contentent pas de faire du lèche-vitrine, ils entrent dans les magasins, retiennent longuement l'attention du vendeur et partent sans rien acheter, leur objectif réel n'est pas d'acquérir quelque chose mais seulement de bavarder quelques minutes avec quelqu'un ! Si l'on parvient rapidement à découvrir cet objectif réel, on gagne du temps et cela permet de consacrer plus d'attention aux clients dont l'objectif réel est d'acheter quelque chose !

Bien que ces objectifs factices soient très fréquents dans le cas de la vente en magasin, on peut aussi en rencontrer dans d'autres situations et c'est pourquoi nous proposons ici le modèle PNL de la stratégie d'objectif.

Cependant, le lecteur doit savoir que la vente étant généralement un processus rapide il n'aura en fait jamais le temps d'étudier point par point chez ses clients les différentes conditions nécessaires pour atteindre un objectif. Par contre, notre lecteur avisé trouvera matière à s'interroger sur ses propres objectifs et cela lui permettra ensuite de mieux cerner ceux de ses clients.

**Stratégie d'objectif**

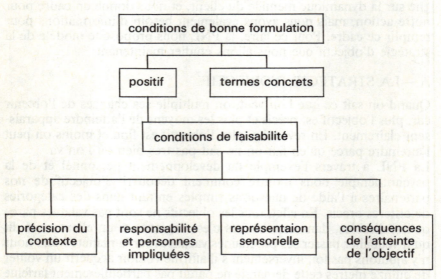

Le tableau ci-dessus nous montre les conditions à réunir pour qu'un objectif soit valable.

LES CONDITIONS DE BONNE FORMULATION

La bonne formulation d'un objectif dépend de l'utilisation de termes concrets, c'est-à-dire des mots qui désignent quelque chose d'observable par les sens, et pas seulement par ceux de celui qui exprime l'objectif.

Le vendeur clairvoyant ne se contentera jamais d'une demande formulée de la façon suivante : « je cherche un bon magnétoscope ! »

Quand il rencontre une affirmation semblable, il se met en devoir de découvrir quelles sont les qualités spécifiques que le client souhaite trouver dans un « bon » magnétoscope. Ces qualités doivent alors être exprimées en termes concrets et précis ce qui permettra de satisfaire au mieux la demande en éliminant les imprécisions qui, à moyen terme, pourraient devenir des objections. La seconde condition de bonne formulation consiste en l'utilisation du positif. Si le client dit : « Je ne veux surtout pas ce modèle ! », cela doit alerter le vendeur qui va alors chercher à savoir ce qu'il veut à la place du modèle en question.

Beaucoup de personnes s'expriment avec des phrases négatives :

— « Vous ne voulez pas fermer la porte ? »
— « Vous ne prendrez pas un peu de café ? »
— « Non, cela ne me va pas trop mal ! »

Nous avons tous rencontré des clients qui parlent ainsi en permanence, ils savent généralement bien ce dont ils ne veulent pas mais ignorent ou disent ignorer ce qu'ils veulent. Le travail du vendeur consiste à les aider à le découvrir.

Il n'est cependant pas souhaitable de remarquer ouvertement toutes les formulations négatives car certaines personnes sont tellement coincées dans ce type de pensée qu'en les contestant cela revient à les remettre en question en tant qu'individu ce qui n'est à l'évidence pas notre propos.


LES CONDITIONS DE FAISABILITE

*a) La précision du contexte*

Il s'agit de savoir cette fois répondre aux questions :
— « Que voulez-vous ? pour quel usage ?, quand ?, où ? »

Ces questions générales deviennent dans la vente celles qui permettent de savoir quel type de produit ou de service veut le client, ce qu'il compte en faire, à quel moment et pendant combien de temps ; éventuellement le lieu d'utilisation du produit peut aussi être une information intéressante à connaître.

Tous ces points ne sont bien entendu pas forcément utiles à faire préciser, il importe seulement d'en être conscient. Par exemple on ne propose pas le même matériel pour un usage réduit ou un usage intensif, pour le plein air ou pour la maison, etc.

### b) La représentation sensorielle de l'objectif

Pour compléter ces informations, nous avons aussi besoin de connaître la représentation sensorielle de l'objectif, et, le cas échéant d'aider le client à la percevoir. Les questions qui servent alors de guide se résument aux suivantes :
— « Comment voyez-vous le résultat ? » (représentation sensorielle visuelle) ;
— « Qu'entendrez-vous, que vous direz-vous à propos de ce résultat ? » (représentation sensorielle auditive) ;
— « Que ressentirez-vous en atteignant ce résultat ? » (représentation sensorielle kinesthésique).
Si par exemple le client veut acheter de la moquette, nous cherchons à savoir quelles sont les couleurs et les textures qui lui plaisent et qui s'harmonisent avec son décor pour ce qui concerne la représentation visuelle.
En lui présentant des échantillons, nous pouvons lui demander : « qu'en pensez-vous ? que diriez-vous de ceci ? » pour obtenir une représentation auditive.
Pour connaître la représentation kinesthésique nous nous attachons à découvrir les attentes du client en matière de sensations de confort, de souplesse, de robustesse, etc.

### c) Les conditions de responsabilité et les personnes impliquées

Quand ces points sont pour la plupart élucidés, nous cherchons à savoir dans un second temps qui est concerné, en PNL nous appelons cela les conditions de responsabilité. En effet, le client n'achète pas toujours pour lui même et s'il agit pour une autre personne nous devons obtenir des informations à ce propos.
La question générale est la suivante : de qui dépend cet objectif ?
Cette interrogation sert de guide dans la recherche d'informations. Quand on omet d'éclaircir ce point on obtient parfois des remarques telles que :
— Avant de prendre une décision, je dois en parler avec mon mari ! (mes collaborateurs, ma secrétaire, mon directeur, etc.).
En fait, le vendeur qui obtient une telle affirmation n'a pas su découvrir qui était concerné par l'achat, le décideur n'est pas toujours le client qui se présente, parfois il s'agit seulement d'un éclaireur !

### d) L'écologie et les conséquences de l'objectif

Enfin, pour que l'objectif soit parfaitement, clair, nous devons nous attacher à en prévoir les conséquences. La PNL appelle cela l'écologie de l'objectif. En effet, si en atteignant son objectif le client perturbe par trop son entourage, ou obtient un résultat non désiré, selon toute vraisemblance, il en voudra beaucoup au vendeur qu'il accusera de lui avoir vendu un produit qui ne lui convenait pas.

La question dont on cherche la réponse est alors : que se passera-t-il quand vous atteindrez votre objectif ?

Nous ne prétendons pas qu'il faille à tout prix s'attacher à cette question, en effet, les conséquences de l'achat d'un stylo à bille ne risquent pas de mettre beaucoup de gens en péril, en revanche il est imprudent de vendre certains produits sans avoir évoqué leurs précautions d'emploi !

De la même façon, le vendeur doit essayer de savoir si le produit qu'il vend correspond bien au besoin du client, s'il ne fait pas double emploi, s'il n'existe pas de possibilité de surstockage ou l'inverse, enfin s'il est approprié à l'usage auquel on le destine.

Le vendeur qui agit ainsi travaille dans le sens de la fidélisation du client car il situe son action à la fois dans le présent et dans le futur.

## B – LE MÉTAMODÈLE POUR LE LANGAGE

Nous avons présenté cet ensemble de techniques dans nos deux précédents ouvrages mais nous pensons qu'il est utile d'en faire un bref rappel en soulignant les applications spécifiques à la vente. Le métamodèle pour le langage sert à obtenir dans l'entretien des informations très précises nécessaires à déterminer avec exactitude l'objectif de l'interlocuteur.

Quand nous parlons avec nos interlocuteurs, nous effectuons inconsciemment une multitude de sous-entendus, ceux-ci sont généralement fort utiles car ils évitent de fastidieuses répétitions, cependant ils peuvent aussi constituer un sérieux handicap à la compréhension lorsqu'ils remplacent par l'interprétation l'objectivité des faits.

Ces sous-entendus proviennent de notre façon personnelle de percevoir et d'interpréter la réalité. Notre expérience individuelle nous amène au cours de notre développement à construire des filtres qui nous servent à donner un sens à ce que nous percevons de la réalité. Ainsi le rôle dominant d'un de nos sens devient notre système de représentation sensorielle préféré, une référence qui arrive à nous faire « oublier » d'utiliser nos autres sens et très souvent à nous faire croire que les autres perçoivent les choses comme nous.

Quand on part du principe que les autres pensent comme nous nous acquérons la certitude qu'ils comprennent à la fois ce que nous disons et surtout ce que nous ne disons pas. Cette attitude nous conduit à de sévères déceptions quand nous découvrons abruptement que nous ne sommes pas compris comme nous l'avions imaginé.

La PNL a mis au point toute une série de questions à se poser en face des plus courants sous-entendus qui apparaissent dans le langage. Il s'agit des sous-entendus ayant trait au comment plutôt qu'au pourquoi, à la forme plus qu'au contenu du discours. Partant des découvertes des linguistes, la PNL nous propose la théorie des universels de modelage de l'expérience : cette expression désigne l'existence de trois sortes de filtres qui prennent place d'une part entre la réalité et ce que nous en percevons, d'autre part entre notre perception de la réalité et ce que nous choisissons pour communiquer.

C'est à ce niveau que l'on travaille ici en précisant que la personne possède dans son esprit une représentation de la réalité et que, lorsqu'elle dialogue elle choisit seulement certains éléments de cette représentation. Les filtres ou sous-entendus que nous avons appelés les universels de modelage de l'expérience sont la généralisation, l'omission et la distorsion.

Quand nous généralisons, nous partons d'un élément isolé pour en tirer une règle qui vaut dans toutes les autres situations.

*Exemple*

Mr Dupont est *toujours* aimable.
Le mot *toujours* exclut la possibilité d'une contradiction.

Quand nous effectuons une omission nous oublions d'évoquer le comment d'une situation.

*Exemple*

Mr Dupont *fait peur* à ses collaborateurs.
La personne qui affirme cela ne dit pas comment Mr Dupont s'y prend pour *faire peur* à ses collaborateurs.

Quand nous effectuons une distorsion, nous remplaçons ou transformons une partie de la réalité, en fait nous interprétons ou jugeons sans avancer les preuves de nos dires.

*Exemple*

Je sais bien ce que vous pensez !
La personne se livre à une divination en affirmant cela, elle ne donne aucune précision sur la méthode qu'elle emploie ni sur ce qui lui permet de soutenir ses dires.

Le tableau ci-dessous montre les différentes catégories d'omissions, de généralisations et de distorsions qui apparaissent dans le langage de façon très courante. Nous devons cependant préciser que ces trois filtres sont partie intégrante du langage, qu'ils ont leur raison d'être car ils en facilitent la souplesse et la rapidité. Seuls sont à éclaircir les points utiles pour clarifier l'objectif de l'entretien.

Le tableau montre donc les différentes manifestations des omissions, généralisations et distorsions, une phrase type est citée et juste au-dessous une remarque ou une question destinée à la contester ou à la clarifier.

Nous conseillons au lecteur de consulter ce tableau en cherchant dans son propre dialogue intérieur les manifestations de ces filtres. Pour aller plus loin s'il le désire, il trouvera dans *Comprendre la PNL* et dans *Maîtriser l'art de la PNL* des exercices destinés à lui faire intégrer ces différentes techniques dans sa pratique quotidienne.

Dans le cadre des stages de formation en PNL nous faisons largement travailler les techniques du métamodèle car plus elles font partie de l'expérience quotidienne des participants et plus leur communication devient claire pour leurs partenaires. Par les phénomènes du mimétisme comportemental, la clarté de l'expression de l'un s'étend à celle de l'autre et permet ainsi de façon indirecte d'obtenir des informations de haute précision.

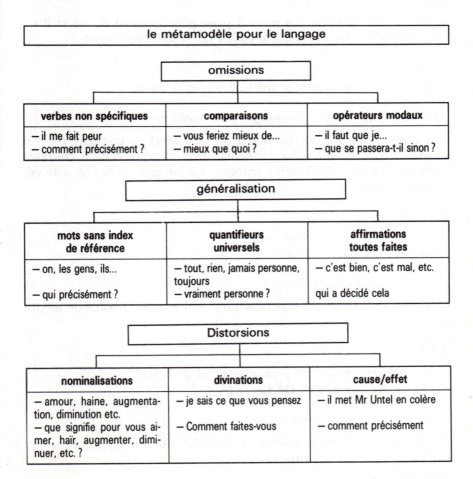

| le métamodèle pour le langage | | |
|---|---|---|

| omissions | | |
|---|---|---|
| **verbes non spécifiques** | **comparaisons** | **opérateurs modaux** |
| — il me fait peur<br>— comment précisément ? | — vous feriez mieux de...<br>— mieux que quoi ? | — il faut que je...<br>— que se passera-t-il sinon ? |

| généralisation | | |
|---|---|---|
| **mots sans index de référence** | **quantifieurs universels** | **affirmations toutes faites** |
| — on, les gens, ils...<br><br>— qui précisément ? | — tout, rien, jamais personne, toujours<br>— vraiment personne ? | — c'est bien, c'est mal, etc.<br><br>qui a décidé cela |

| Distorsions | | |
|---|---|---|
| **nominalisations** | **divinations** | **cause/effet** |
| — amour, haine, augmentation, diminution etc.<br>— que signifie pour vous aimer, haïr, augmenter, diminuer, etc. ? | — je sais ce que vous pensez<br><br>— Comment faites-vous | — il met Mr Untel en colère<br><br>— comment précisément |

Dans la vente, nous nous contentons de tendre l'oreille quand nous rencontrons seulement cinq types de ces sous-entendus ou de ces filtres, c'est le modèle des points clés du langage.

*a) Il faut, on doit, il est impossible de ...*

Ces expressions traduisent l'existence d'une règle et celle-ci peut constituer un solide rempart contre de nouveaux choix. Il est donc fort utile de les déceler pour les remettre éventuellement en question.

*Exemple*

— Il m'est impossible d'utiliser un ordinateur !
— Pourriez-vous me dire ce qui vous en empêcherait ?

*b) On, personne, les gens, tout le monde, ils...*

Quand le client utilise ces mots il parle généralement de lui et il est très utile d'en être conscient à défaut de le faire remarquer.

*Exemple*

— Les gens dépensent leur argent à tort et à travers !

*c) Mieux, plus, moins, davantage, pire, meilleur*

Ces mots indiquent une comparaison, or quand on compare on met en balance au moins deux éléments, dans la conversation courante bien souvent un des éléments manque. Le langage de la publicité fait un large usage de cela.

*Exemple*

— Chez Untel, c'est moins cher !
— Moins cher que chez qui ?

*d) Tout, rien, toujours, jamais*

Ces mots indiquent une généralisation qu'il importe parfois de mettre en doute.

*Exemple*

— Je n'achète jamais rien à un marchand ambulant !
— Pas même une glace l'été sur la plage ?

*e) Les verbes non-spécifiques*

Il s'agit cette fois de relever le manque de précision quand au « comment » d'une action.

*Exemple*

— Il ne me donne pas satisfaction dans son travail.
— Qu'attendez-vous de lui précisément ?

Ces cinq points suffisent largement à prendre conscience des sous-entendus les plus fréquents dans la conversation. Rappelons avant de conclure qu'il n'est pas toujours pertinent de les mettre sur la sellette et de les aborder de façon directe sauf lorsqu'on a besoin d'informations très précises (chiffres, délais, coûts, etc.). D'autre part, le ton qu'emploie le vendeur joue un rôle déterminant, s'il pose des questions de façon un peu sèche, il enverra un message non-verbal agressif et obtiendra une réponse sur le même ton car le client se sentira agressé. En revanche, s'il se sent concerné par la tâche d'aider le client à trouver ce qu'il cherche, le ton de ses questions sera prévenant, aimable et il obtiendra facilement toutes les informations utiles. Enfin, l'humour n'est pas à exclure pour autant que le client y soit accessible, car une remarque souriante détend l'atmosphère en entraînant le client dans une sensation agréable.

## C – LES CRITERES

Dans notre recherche d'informations, nous travaillons à mettre en évidence les critères de nos clients. Nous savons bien qu'au-delà du produit existe une image ou une idée qui motive le client et c'est précisément cela que nous voulons connaître.

Le client achète des produits en fonction de l'idée qu'il a de lui-même, en acquérant l'objet il s'identifie à l'image qu'il souhaite donner de lui. La publicité agit au niveau de cette image et véhicule des messages destinés à provoquer des comportements d'identification par l'achat. Si l'on observe attentivement les messages publicitaires à la télévision, on constate aisément que ceux-ci dépeignent des personnages typiques qui évoluent avec les modes mais représentent toujours une sorte d'idéal auquel le client d'identifie.

Même si le client n'en est pas totalement conscient ces images lui servent de critères et servent de toile de fond à sa décision d'achat.

Pour la PNL, le critère représente la manifestation d'une croyance sous-jacente et inconsciente. Par exemple, une personne optimiste trouve toujours ce qu'il y a de positif dans toute situation, même quand elle rencontre des difficultés elle a la certitude qu'elle peut les surmonter. La croyance inconsciente qui relie logiquement ses comportements tient en une phrase telle que celle-ci : « aucun problème n'est insurmontable » ; les valeurs et les critères qui découlent de cette croyance sont le courage, la détermination, le dynamisme ou toute autre qualité qui permet d'atteindre l'objectif. Cette orientation particulière de sa personnalité lui permet en outre de satisfaire ses critères et d'entretenir sa croyance dans les expériences qu'elle traverse. De la même façon qu'une personne méfiante trouve toujours de bonnes raisons de se méfier, une personne optimiste trouve toujours de bonnes raisons de l'être.

Pour mettre en évidence les critères du client nous disposons de deux moyens : le questionnement et le calibrage.

Les questions qui font surgir les critères sont les questions dites ouvertes, c'est-à-dire celles dont la réponse est autre que oui ou non. Nous en retiendrons essentiellement deux :

— Qu'attendez-vous de ce produit ?
— Qu'en pensez-vous ?

Bien entendu, nous donnons ici les questions de base. Dans la pratique le vendeur les adapte au contenu spécifique. Chaque fois que nous demandons au client de nous donner son avis, nous lui offrons l'occasion d'exprimer ses critères, de plus, nous lui montrons que nous sommes intéressés par son opinion, que nous tenons compte de lui en tant que personne, par conséquent nous renforçons le climat de confiance.

L'observation et le calibrage permettent quant à eux de déceler quels sont les points forts qui retiennent l'attention ou éveillent l'intérêt du client. Quand le client répond à nos questions, ses critères apparaissent dans les mots qu'il emploie et surtout dans le langage non-verbal qui les accompagne et les ponctue.

## Exemple

Le vendeur : « que pensez-vous de ce ce fauteuil ? »
Le client : « il n'est pas mal, mais cela n'irait pas chez moi, il n'est pas dans le style de la décoration, en plus je ne le trouve pas très confortable ».

Dans cet exemple le client donne deux critères importants pour l'achat d'un fauteuil, l'esthétique d'une part, le confort de l'autre. Pour savoir lequel de ces critères est le plus important, il s'agit d'observer le comportement de la personne quand elle parle car elle insiste davantage (gestes, ton de la voix) sur celui qui compte le plus à ses yeux. En PNL, on utilise parfois une classification des critères selon qu'ils appartiennent à trois grandes catégories : l'identité, la relation ou le pouvoir. Cette organisation tend à dépeindre des styles de comportements (1).

---

(1) Voir aussi *Styles de vie, cartes et portraits*, par Cathelat aux Editions d'Organisation

### LES CRITERES LIES A L'IDENTITE

Le client qui présente ce type de critères a tendance à rechercher l'originalité, la nouveauté, il veut être le premier à posséder le dernier modèle, il s'attache à tout ce qui le met en valeur et acquiert les objets qui vont l'aider à se rapprocher de l'image qu'il veut avoir lui-même, pour sa cohérence individuelle et/ɔu pour ce qu'il veut montrer aux autres.

### LES CRITERES LIES A LA RELATION

Le client qui attache une importance primordiale à la relation achète en fonction des autres, de sa famille, du groupe social ou professionnel auquel il appartient ou veut appartenir, les produits qu'il achète doivent l'aider à s'identifier dans ce rôle. Ce type de client est sensible aux modes et se laisse facilement influencer en ce sens.

### LES CRITERES LIES AU POUVOIR

Ces derniers se rapprochent de ceux liés à l'identité, mais en diffèrent en ce sens que le client qui les applique veut s'identifier à un rôle dominant par rapport aux autres. Il veut être reconnu comme un chef et se montre autoritaire car il a tendance à croire qu'il est seul capable de compétence dans n'importe quel domaine.

Il ne suffit pas de reconnaître les critères du client encore faut-il savoir s'y adapter si l'on veut conclure la vente.

### Exemple

Un de nos stagiaires avait rendez-vous avec le directeur commercial d'une société pour discuter d'un projet de formation pour sa force de vente. Ce directeur l'avait contacté en formulant ainsi sa demande : « Je souhaiterais que mon équipe fasse un stage avec vous, quand pouvez-vous venir en parler ? »

Gérard F nous raconta ensuite le déroulement de l'entretien : « Le rendez-vous fut fixé, et, pratiquement dès le début de l'entretien je remarquais que notre client ne donnait aucun signe d'intérêt lorsque je lui exposais mes méthodes et mes références. Manifestement, j'étais parti sur une fausse piste. Pour faire diversion et afin d'interrompre un processus d'ennui néfaste à mon projet, je posais des questions de manière à amener mon client à parler de sujets intéressants pour lui (présenter l'entreprise, vanter les mérites de son équipe, etc.). Ceci me permit de *calibrer* avec précision l'état d'ennui et l'état d'intérêt, et, de le mettre suffisamment à l'aise pour qu'il puisse exprimer son objectif réel. En effet, peu après, il me raconta l'histoire de son équipe, les expériences précédentes de formation et enfin osa parler de son désir d'organiser pour ses vendeurs un stage qu'il voulait être une *aventure en commun*. Immédiatement, je lui proposais de réfléchir ensemble sur une possibilité de stage en situation isomorphique (1). A partir de là son intérêt s'éveilla et cela donna un nouveau démarrage très positif et très constructif à notre entretien ».

Quel que soit le produit que nous vendons, nous devons trouver les critères de nos clients, le danger qui nous menace c'est de croire qu'en fonction du produit seuls certains critères entrent en jeu. Si l'on vend des objets d'art, on peut s'attacher uniquement à l'esthétique ce qui pourrait paraître assez logique, mais dans la pratique, bien d'autres critères jouent un rôle déterminant tels que l'intérêt matériel du client qui veut faire un placement, l'orgueil d'être le seul à posséder une pièce unique ou rare, la mode pour n'en citer que quelques-uns.

C'est pourquoi, dans notre approche du produit nous devons chercher tous les aspects pouvant représenter un critère. Au cours de l'entretien, le comportement du client nous fournit tous les renseignements nécessaires pour déceler ses critères, et cela doit nous inciter à faire preuve de souplesse et de modestie car l'expérience nous montre que les clients achètent en fonction de critères très variés. Nous avons ainsi quotidiennement un terrain d'observation et d'enrichissement de nos connaissances.

## D – QUELS ETATS INTERIEURS VEUT-ON INDUIRE ?

Au cours des moments de recueil de l'information il apparaît comme essentiel de maintenir le climat de confiance. Le client qui nous confie son objectif a besoin de se sentir suffisamment à l'aise pour s'exprimer et nous devons lui donner le sentiment qu'il peut le faire en toute quiétude. En conséquence, nous allons travailler dans le but de susciter le sentiment d'être écouté et compris en montrant au client qu'il a en face de lui quelqu'un qui se sent réellement concerné.

### LE SENTIMENT D'ETRE ECOUTE, COMPRIS

Si nous reprenons nos quatre critères définissant la structure de l'état intérieur nous trouvons que le sentiment d'être écouté et compris se situe dans le présent, qu'il est orienté vers l'autre c'est-à-dire qu'il est essentiellement induit par le comportement de l'interlocuteur, qu'il s'agit d'un sentiment passif et que l'aspect du rythme n'est pas

---

(1) Nous appelons stages en situation isomorphique ceux qui consistent à construire sur le terrain de l'aventure ou de l'expérience physique une situation qui soit une métaphore dans un contexte exceptionnel du problème professionnel quotidien à résoudre. Les marches sur le feu, les traversées de rivières, les sauts de ponts en sont les exemples les plus connus. Voir à ce propos l'ouvrage de A. Meignant et J. Rayer *Saute, Manager,* aux Editions d'Organisation.

pertinent sauf si l'on considère que cet état est fragile et susceptible de varier très rapidement.

Cela veut dire que c'est notre comportement qui représente le moyen majeur pour induire chez le client cet état particulier. En nous référant à notre propre expérience en tant que client, des exemples nous viennent à l'esprit pour illustrer cette situation.

Posons nous la question suivante : qu'est-ce qui me prouve que le vendeur à qui je m'adresse m'écoute ?, et essayons de classer les réponses.

— Quelqu'un qui m'écoute me regarde.

En effet, quand on porte son attention sur quelque chose on le regarde, de préférence de face et avec plus ou moins d'assiduité. Cependant, nous devons prendre garde à la direction de notre regard, en effet, un client visuel ne supporte pas qu'on le regarde autrement qu'en face car plus que tout autre il a besoin de prendre un contact visuel avec son interlocuteur (voir chapitre précédent). En tant que vendeur, si nous nous trouvons gênés de croiser aussi souvent le regard de notre client visuel, il nous reste la possibilité de regarder avec lui dans une direction précise mais nous devons savoir qu'en faisant cela nous nous adressons davantage à son système auditif.

— Quelqu'un qui m'écoute fait des remarques et pose des questions pertinentes en rapport avec ce que je dis, d'autre part il me laisse parler.

Si vous vous faites ce genre de réflexion pour reconnaître que l'on vous écoute c'est que votre système de représentation sensorielle dominant est auditif. Quand on a en face de soi un client auditif, il ne suffit pas de se contenter de hocher la tête quand il dit quelque chose que vous voulez approuver car cela ne lui prouve pas qu'on l'écoute. Chaque fois que c'est possible dans le cours de l'entretien, il est utile de poser des questions ou de faire des remarques en réutilisant les mêmes mots que le client. Les auditifs ayant tendance à essayer de bien choisir leurs mots, ils reconnaissent quelqu'un qui les écoute à ce qu'il les retienne au moins le temps de reformuler.

— Quelqu'un qui m'écoute se rapproche de moi ou se penche pour mieux s'intéresser.

Si c'est ce type de réflexion qui vous vient à l'esprit comme preuve d'être écouté, c'est que votre système de représentation sensorielle dominant est kinesthésique. Le client kinesthésique se fie davantage à vos gestes, vos postures, votre attitude globale plutôt qu'à votre discours ; il remarque facilement quand votre attention se relâche et quand il a l'impression de perdre le contact. Parfois même, pour se sentir écouté et compris il a besoin de toucher son interlocuteur ou de s'en rapprocher. Il est utile de le savoir pour adapter son comportement. Dans le cas où l'attitude du client kinesthésique empiète trop sur la distance de confort du vendeur, celui-ci peut, en s'aidant de ses gestes la modifier jusqu'à la rendre acceptable. La position rapprochée face à face peut être vécue désagréablement car c'est une position d'affrontement, si l'un avance l'autre recule, les deux interlocuteurs sont si proches l'un de l'autre qu'ils peuvent se toucher sans allonger le bras. En revanche, tout en maintenant un contact ou une distance aussi courte, si les deux personnes regardent un point situé devant elles, la position devient nettement plus confortable car la notion d'affrontement disparaît, les deux peuvent avancer ou reculer ensemble, pour laisser place à une relation de solidarité.

Pour s'exercer à reconnaître quels comportements spécifiques induisent le sentiment d'être écouté et compris, la première étape consiste à explorer sa propre expérience en y cherchant tous les détails qui servent de preuve ou qui démentent cet état intérieur. En effet, s'il est utile de savoir comment l'on acquiert la certitude d'être écouté, il importe aussi d'être conscient de ce qui nous prouve le contraire : c'est-à-dire de savoir reconnaître que notre interlocuteur ne nous écoute pas.

Dans un second temps, il nous faut comparer notre expérience avec celle des autres, collègues, amis et proches car nous savons bien que nos critères peuvent être différents et qu'en outre, plus notre expérience s'enrichit et plus nous sommes efficaces.

Enfin, il s'agit de s'exercer à modifier son comportement de manière à induire ou à renforcer cet état chez notre interlocuteur. Bien entendu, il est préférable de s'initier à cet exercice en dehors du cadre professionnel avant de l'intégrer à sa pratique.

## Les jeux de rôles

### A – THEMES

1) Dans un magasin de télé, hifi, vidéo le vendeur a en face de lui un client hésitant et il doit parvenir à déterminer son objectif.

2) Le client formule un objectif nettement incompatible avec ses possibilités et ses besoins, le vendeur tente de lui faire adopter un objectif différent.

3) Le représentant est chez son client, celui-ci n'est pas disposé à lui passer une commande mais un ami du client qui se trouve là semble intéressé.

4) Le courtier en assurances est dans un bureau, face à lui le directeur du personnel, à sa droite le directeur général. Les deux clients semblent d'accord sur le fait de s'assurer auprès de ce courtier mais leurs objectifs sont différents. Le rôle du vendeur consiste à déterminer précisément ces deux objectifs.

## B – EXPLOITATION DES JEUX DE ROLES

Pour chacun de ces jeux, nous donnons quelques grandes lignes pour en faciliter l'exploitation à l'animateur et pour que le lecteur puisse retrouver au travers de ces situations des expériences qu'il a vécues en tant que client ou vendeur.

### PREMIER JEU DE ROLE

Le client hésitant est généralement celui qui ne sait pas établir de priorités ou encore qui n'exprime pas ses critères. Dans l'exploitation de ce jeu, l'animateur doit aider les deux joueurs à préciser sur quoi se fonde leur jugement en posant des questions telles que :
— « Qu'est-ce qui vous incite à penser que le client hésite pour une question de... (budget, fonction, esthétique, etc.) ».
— « En tant que client qu'est-ce qui vous empêche de dire ce que vous voulez réellement ? »
— « En tant que client, que faudrait-il pour que vous puissiez vous exprimer ? »
— « En tant que vendeur, que redoutez-vous de la part de ce client et pourquoi ? »

### DEUXIEME JEU DE ROLE

Quand un client exprime un objectif nettement disproportionné par rapport à ses besoins, il s'agit d'orienter sa réflexion sur les conséquences probables de la réalisation de cet objectif. C'est une situation délicate car, parfois, le vendeur se livre à une estimation des possibilités de budget et se trompe ce qui fait échec radicalement à la vente. Ici, le vendeur doit se servir de tous les moyens dont il dispose pour permettre au client d'exprimer lui-même les conséquences de l'objectif d'une part, d'autre part pour l'orienter vers un objectif plus réaliste.
La réflexion et l'exploitation de ce jeu doivent amener le vendeur à prendre conscience de son rôle de conseiller. L'animateur peut poser des questions telles que :
— « Qu'est-ce qui fait la différence entre vendeur et conseiller ? »
— « En tant que client comment voulez-vous être conseillé ? »
— « En tant que vendeur comment avez-vous l'habitude de conseiller vos clients ? Ici, quels critères avez-vous mis en avant ? »

### TROISIEME JEU DE ROLE

Dans ce jeu, la difficulté consiste à prendre contact avec un client possible en présence du client habituel. Lorsque le vendeur est amené à effectuer deux ventes presque en même temps, il est évident qu'il a tendance à se répéter, en faisant cela, le premier client a souvent l'impression qu'il n'est qu'un numéro. L'animateur doit aider le vendeur à prendre conscience de certains automatismes et l'amener à réfléchir sur leur utilité et leurs limites. Selon le contenu choisi par les joueurs l'animateur peut poser les questions suivantes :

— « En tant que premier client qu'avez-vous ressenti quand le représentant s'est adressé à votre ami ? »

— « En tant que vendeur qu'avez-vous fait pour garder le contact avec votre client habituel tandis que vous faisiez connaissance avec son ami ? »

— « En tant que premier client aviez-vous envie de faire des réflexions et si oui lesquelles ? »

— « En tant que vendeur avez-vous eu l'impression que vos méthodes habituelles de vente étaient mises à jour ? »

— « En tant que deuxième client qu'avez-vous ressenti ? avez-vous eu l'impression d'être écouté et compris ? si oui (si non) qu'est-ce qui vous a fait penser cela ? »

QUATRIEME JEU DE ROLE

Pour ce dernier nous avons proposé un contenu, mais on peut bien entendu en choisir un autre. Notre propos est de montrer qu'il existe souvent plusieurs façons de formuler un objectif. Ici, les deux clients sont d'accord sur l'essentiel et le travail du vendeur consiste à souligner cela d'une part tout en décelant les critères qui justifient les différences. La difficulté réside dans le fait d'harmoniser ces différents critères et l'animateur doit essayer d'aider le vendeur à comprendre comment ils agissent au niveau de la formulation de l'objectif.

— « En tant que vendeur quels étaient les critères respectifs de vos deux interlocuteurs ? »

— « Quel critère avez-vous subjectivement classé comme le plus important ? »

— « Qu'avez-vous mis en avant pour harmoniser ces deux positions ? »

# Chapitre V

# ETAPES DE PRESENTATION DES INFORMATIONS, ARGUMENTS

## 1 – Guerriers, bergers, scribes et marchands

A tout moment du processus de vente, nous faisons valoir nos arguments, en principe nous nous livrons à cette activité en tenant compte du client, mais pas toujours et c'est ce qui nous joue de mauvais tours. Nous savons bien qu'il existe des différences importantes entre les clients, il suffit de nous référer à notre expérience pour nous en convaincre, et nous savons aussi de la même manière qu'il existe des ressemblances. En tenant compte des comportements similaires qu'il nous est donné d'observer dans notre pratique quotidienne, nous avons tendance à automatiser nos comportements. Or il apparaît que dans notre distribution d'étiquettes à propros des clients nous sommes souvent trop hâtifs et nous appliquons la même recette à tous sans avoir auparavant assez de preuves pour la justifier.

La PNL a construit un modèle qu'elle nomme « les métaprogrammes » et qui permet de reconnaître dans les comportements certaines grandes catégories de critères. L'utilité de ce modèle est d'aider à comprendre et à prévoir les comportements. Dans notre précédent ouvrage *Maîtriser l'art de la PNL,* nous offrons une présentation très détaillée de ces métaprogrammes, ici, dans les applications pratiques de la PNL à la vente, nous ne retenons que quelques-unes des distinctions qui les composent et que nous présentons sous le titre : guerriers, bergers, scribes et marchands.

Ces quatre types de personnages sont la transposition de quatre des cinq orientations du traitement de l'information : action, personnes, information, choses, et lieu, nous ne retenons pas cette dernière dans notre application à la vente car dans ce contexte, elle n'apparaît pas comme déterminante.

## A – LES GUERRIERS

Nous plaçons sous cette appellation les personnes qui traitent leur environnement en termes d'action. Quand on considère son environnement à travers le filtre de l'action cela veut dire que l'on interprète tout ce qui arrive en tant qu'action. Le guerrier agit ou n'agit pas, il donne corps à ceux qu'il rencontre non pas à travers ce qu'ils sont mais en fonction de ce qu'ils font ou ne font pas.

Pour faire un rapprochement avec nos précédents critères : relation, identité et pouvoir, le guerrier se situe davantage au niveau de l'identité et du pouvoir. C'est quelqu'un d'actif qui est conscient qu'il peut agir sur ce qui lui arrive. Dans la vente, le client guerrier a besoin qu'on lui présente les arguments en termes d'action.

*Exemples*

— « Ce matériel est particulièrement robuste car conçu en fonction du fait que vous l'utilisez quotidiennement ».

— « A l'usage, vous ferez très rapidement la différence ».

Comment reconnaître un client du type guerrier ? De la même façon que l'on reconnaît l'utilisation d'un système de représentation sensorielle, par l'observation et le calibrage. Le client de ce type a tendance à faire des gestes, à utiliser beaucoup de mots ayant trait à l'action et dont il est sage de prendre note afin de les réutiliser. Si l'entretien permet d'en savoir plus sur ce client, l'expérience montre qu'on trouve généralement plus de travailleurs indépendants que d'employés répondant à cette catégorie, très généralement aussi le client de type « guerrier » habite plutôt une maison individuelle qu'un appartement, il pratique souvent un sport individuel. Mais, nous devons cependant nous garder de généraliser uniquement en fonction de ces renseignements car les contre-exemples ne manquent pas.

## B – LES BERGERS

Cette catégorie de client correspond à l'orientation « personne » des métaprogrammes et au critère « relation » que nous avons évoqué au chapitre précédent. Le client de type berger donne un sens à son environnement à travers le filtre des relations et des êtres qui l'habitent. Quand il rencontre quelqu'un d'inconnu, il lui faut savoir quelle est la place sociale ou familiale de cette personne pour commencer à faire connaissance.

Dans cette catégorie, au plan professionnel, nous trouvons généralement tous les métiers de contact et d'aide : profession de santé,
certains enseignants et travailleurs sociaux mais aussi les métiers de
communication (artistique, médiatique).
Le client de type berger attache généralement beaucoup d'importance
à l'idée qu'il se fait de sa place et de son appartenance au groupe,
quand on s'adresse à lui il est utile d'évoquer cet aspect.

*Exemples*

— « ce village de vacances a une vocation familiale ».
— « En Californie, les « branchés » portent ces mêmes bottes ! nous les
faisons d'ailleurs venir de là-bas ».
— « ces produits sont réservés à une élite de connaisseurs ».
Bien entendu, on reconnaît le client de type berger à la façon dont il
s'exprime, aux mots qu'il emploie, aux critères qu'il met en relief, aussi
à son apparence qui évoque d'emblée une appartenance à un groupe
qu'il valorise (bagages siglés, voiture, vêtements portant une marque
évidente, etc.).

## C — LES SCRIBES

Cette catégorie de client se rapproche de l'orientation « information »
des métaprogrammes car la personne qui applique ce filtre donne un
sens à son environnement en fonction de ce qu'elle en apprend ou pas.
Les critères d'identité de relation et de pouvoir entrent aussi dans sa
représentation du monde mais pas de façon aussi évidente que pour
les précédentes catégories. Le client de type scribe est souvent un
chineur à la recherche de l'objet rare, de la bonne affaire dont il n'est
d'ailleurs pas forcément acheteur. Certains clients se complaisent à
chercher, hantent les salles de vente et le marché aux puces, car ce qui
leur plaît par dessus tout, c'est la découverte.
Le client de type scribe se rencontre dans toutes les catégories
socioprofessionnelles mais avec une plus grande fréquence dans les
métiers qui laissent beaucoup de temps libre car la recherche d'informations en nécessite parfois beaucoup.
Comme les autres types de clients, c'est essentiellement son langage
qui permet de le reconnaître. Mis en confiance, le scribe vous raconte
volontiers sa dernière découverte sensationnelle, mais parfois aussi il
la garde jalousement tel le cueilleur de champignons qui vous fait
entendre qu'il connaît des coins mais que c'est un de ses secrets.
Le client de type scribe est aussi souvent un lecteur assidu, toujours
à l'affût de l'information. En lui présentant nos arguments, nous
devons en tenir compte.

*Exemples*

— « J'ai rapporté de Londres une pièce rare, pensant qu'elle pouvait vous intéresser j'ai attendu votre passage avant de la mettre en vente ».
— « Peu de gens savent comment utiliser toutes les possibilités de leur ordinateur ».

## D – LES MARCHANDS

La quatrième catégorie de clients correspond à l'orientation « choses » des métaprogrammes. Le client du type marchand donne un sens à ce qu'il rencontre en fonction de ce qu'il gagne ou perd, il est particulièrement sensible à son intérêt et a tendance à tout traiter comme des objets. Le client de ce type applique souvent un critère d'identité, son intérêt personnel est sa plus grande préoccupation et ses relations avec les autres s'entendent en termes de pouvoir.

C'est souvent quelqu'un qui s'organise bien, il gère son temps et son argent avec efficacité, mais il rencontre de gros problèmes quand il applique ce filtre aux personnes qui l'entourent car il veut exercer une autorité qui ne tient pas assez compte des aspects humains. A propos des autres il fait des réflexions telles que : « je ne comprends pas pourquoi il se plaint car il a tout pour être heureux ! ».

Sur le plan professionnel, le client de type marchand exerce souvent une profession ayant trait à la gestion au sens large. Pour lui, l'aisance matérielle prime sur le reste, et en conséquence il faut pour le convaincre lui présenter des arguments en fonction de son intérêt. C'est probablement le type de client que les vendeurs croient rencontrer le plus souvent si l'on se réfère à la fréquence d'utilisation du critère de prix ! (en fait, cela se produit parce que le vendeur agit en « marchand » et applique ce critère au client).

*Exemples*

— « Ce produit représente un investissement très intéressant à court terme ».
— « Si vous le pouvez, je vous conseille d'attendre quelques mois avant d'investir dans cette affaire car, les prix vont vraisemblablement chuter dès le début de l'année ».

## 2 – Utiliser les critères du client

Quel que soit le produit que nous vendons, nous traitons toujours avec les critères du client. Si vous êtes disposé à acheter un certain produit, parmi plusieurs de fonction similaire celui qui emporte votre décision c'est celui qui parle à vos critères.

*Exemple*

Yann M entre dans une bijouterie et s'adresse à la vendeuse :
— « Je voudrais voir des bagues, c'est pour une jeune femme... »
En prononçant ces derniers mots l'expression de son visage se fait un peu rêveuse, Yann M est amoureux et il veut faire un cadeau à son amie. La vendeuse l'interrompt : « C'est votre fiancée ? »
Yann M reste coi, dans sa relation avec cette jeune personne il n'est pas à faire des projets d'avenir, il n'y a même pas pensé. L'interruption de la vendeuse l'entraîne brutalement dans une perspective qui le met mal à l'aise. Gêné, il fait un vague signe de tête. La vendeuse lui montre des bijoux mais, il ne cesse d'émettre des objections et rapidement prend congé sans rien acheter.
Cette anecdote montre comment d'un mot il est possible de transformer un client acheteur en non-acheteur. Si au lieu de se livrer à une interprétation la vendeuse s'était contentée de demander quels étaient les goûts de la personne à qui le cadeau était destiné, elle aurait certainement conclu sa vente.
De la même façon qu'on peut faire échouer sa vente en utilisant un mot mal à propos qui bloque le désir d'achat, on peut la réaliser en transformant le badaud en acheteur.

## A – LA PRESENTATION DIRECTE

Au chapitre précédent, nous avons montré comment détecter les critères du client par l'observation, à présent, nous allons montrer comment les utiliser.
La démarche habituelle veut que, ayant observé un critère, le vendeur y réponde directement, c'est-à-dire en proposant au client un produit ou un argument qui parait convenir.

*Exemple*

Le client : « je cherche un réveil qui affiche l'heure en la projetant au plafond ».
Le vendeur : « nous avons deux modèles de ce type, l'un avec radio l'autre sans, mais beaucoup plus petit ».
Le client : « j'ignorais qu'il en existait avec la radio ! C'est vrai qu'il est plus encombrant, mais je le préfère quand même ».
Le vendeur n'avance qu'un seul critère, la taille du réveil, la demande du client est très claire et la vente se conclut rapidement.

*Exemple*

Le client reçoit le représentant en produits d'entretien, il a l'air passablement irrité : « Dans votre dernière livraison, il y avait des produits que je n'avais pas commandés... »

Le vendeur l'interrompt : « Vous les avez encore ? »

Le client : « Bien sûr, je n'en avais pas besoin, je ne m'en suis pas servi !

Le vendeur : « Il s'agit de produits nouveaux présentés en lots, si vous les avez toujours, je les reprends et nous les déduirons de votre prochaine commande ».

Le client : « Bien, c'est parfait dans ce cas, voyons ce qu'il me faut aujourd'hui ».

Dans cet exemple, nous avons affaire à un client de type marchand qui reçoit le représentant surtout pour lui signifier son insatisfaction. Le motif de la colère du client c'est qu'il pense devoir payer des produits qu'il n'a pas commandés, son critère majeur est l'intérêt et dès qu'il est rassuré de ce côté, le représentant peut conclure sa nouvelle vente. La présentation directe des arguments donne des résultats valables quand l'objectif et les critères du client sont très évidents comme dans les exemples ci-dessus, cependant cela ne suffit pas toujours car nous savons que les critères s'expriment la plupart du temps de façon assez abstraite et floue au niveau des mots qui les traduisent. Le langage non-verbal quant à lui souligne l'importance qu'attache le client à son critère mais il ne renseigne pas à propos du contenu. Il s'agit donc de poser des questions ouvertes qui, par définition, permettent au client de s'expliquer et au vendeur de construire une représentation précise de l'objectif.

A partir de là, soit on peut fournir le produit soit on ne le peut pas. Il n'est pas toujours pertinent de s'acharner à argumenter à propos d'un produit que le client a d'emblée éliminé de son choix. Si Mme X ne veut pas entendre parler d'acheter un pull vert, et même si l'article correspond à ses autres critères, elle revient à son opinion initiale en disant au vendeur : « C'est vrai, ce pull vert est très bien, mais je n'en veux pas, je vous ai dit que je n'aimais pas le vert. Si vous l'aviez en rouge je le prendrais tout de suite ! » La meilleure technique consiste à ne présenter que les arguments qui sont en rapport avec la demande formulée du client, si Mme X n'aime pas le vert, nous évitons de lui en parler.

## B – LA PRESENTATION INDIRECTE

Dans certains cas, une formulation négative du critère constitue un argument de poids.

*Exemple*

Au restaurant Marie-Pierre s'adresse au maître d'hôtel :

— « Aujourd'hui j'ai envie de goûter quelque chose d'original, qu'est-ce que vous me proposez ? »

— « Le chef a préparé du veau de mer en papillotte, c'est une recette qu'il a mise au point récemment mais je ne sais pas si vous allez aimer... »

— Je ne sais pas non plus, mais, comme je ne connais pas cela me tente. Alors d'accord pour le veau de mer ! Marie-Pierre aime par dessus tout découvrir des choses qu'elle ne connaît pas, que ce soit au restaurant ou dans d'autres activités, elle agit selon le type scribe. Pour vendre quelque chose à Marie-Pierre, la porte d'entrée grande ouverte c'est sa curiosité. En disant « je ne sais pas si vous allez aimer », le maître d'hôtel est presque certain de lui donner envie de ce plat inconnu.

La formulation négative représente une sorte de défi :

— « Ce raid dans le désert n'est pas fait pour les pantouflards ! »

En prenant l'opposé de son critère, le vendeur amène le client à désirer d'autant plus posséder le produit qu'il veut correspondre à l'image dont le contraire lui est montré.

Un client qui agit selon le type guerrier et souhaite donner de lui l'image d'une personne active, sportive, décidée ne veut à aucun prix qu'on le prenne pour un touriste tranquille et un peu passif, image qu'il ne se gêne pas pour critiquer ou tourner en dérision.

La formulation négative apparaît particulièrement efficace lorsque le client présente ce que la PNL appelle des réponses polarisées, c'est-à-dire des réponses qui prennent presque toujours l'opposé de la proposition initiale. Les clients qui ont ainsi l'esprit de contradiction ne peuvent plus, sous peine de se contredire, nier de telles évidences.

## C – LE NOMBRE D'ARGUMENTS

D'autre part, il est important de savoir que les gens en général et les clients en particulier ne peuvent retenir qu'un nombre limité d'informations en même temps dans leur mémoire immédiate, ce nombre est sept plus ou moins deux, cela veut dire qu'en pratique qu'il faut respecter cette règle et ne jamais présenter plus sept arguments. Si l'on a recueilli les informations nécessaires à propos de l'objectif du client, on s'aperçoit que dans la pratique on n'a pour ainsi dire jamais besoin d'avancer sept arguments, qu'en règle générale trois ou quatre suffisent largement.

Dans notre expérience de vendeur et de client nous sommes d'ailleurs conscients qu'il existe généralement un seul argument qui aille vraiment droit au but. Nous devrions plutôt dire un seul type d'argument, car, tous autant que nous sommes, nous agissons en fonction d'une croyance globale qui génère des critères et des valeurs logiquement reliés les uns aux autres.

## D – PRESENTER LES ARGUMENTS EN TENANT COMPTE DES ETAPES DE LA PRISE DE DECISION D'ACHAT

Nous avons vu au chapitre précédent que le client utilise une stratégie pour prendre ses décisions. Celle-ci possède une entrée, une phase d'opérations qui conduit à une sortie ou ramène à l'entrée ou à une des étapes des opérations dans le cas où un critère important n'est pas satisfait.

La PNL montre que les stratégies performantes, c'est-à-dire celles qui conduisent à une sortie mettent en jeu les trois systèmes de représentation sensorielle : visuel, auditif et kinesthésique. Ceci s'observe dans toutes les stratégies. Quand vous apprenez quelque chose, par exemple un texte que vous voulez retenir parfaitement et pour longtemps et que vous vous contentez de le rabâcher en ressassant les mots, vous ne le retiendrez en fait qu'un court moment. Si, au contraire, en lisant ou en écrivant (certaines personnes apprennent mieux en écrivant quand leur stratégie de mémorisation possède une entrée kinesthésique) le texte vous voyez à quoi il correspond, vous vous faites des réflexions et trouvez des exemples qui l'illustrent vous vous offrez une expérience complète en termes de représentation sensorielle, non seulement vous mémorisez mais vous accédez à la compréhension.

Lorsqu'on prend une décision d'achat, de la même façon et pour parvenir à un choix satisfaisant au plan de l'expérience, tous les systèmes de représentation sensorielle doivent être concernés.

C'est pourquoi, en respectant l'ordre d'apparition des systèmes de représentation sensorielle, nous devons présenter des arguments qui les concernent tous.

### Exemple

Le vendeur : « Si vous voulez une bonne planche à voile pour un débutant, je vous recommande celle-ci ; regardez sa ligne, sa forme particulière asssure une grande stabilité sur l'eau, vous vous en féliciterez car au début les chutes sont fréquentes.

D'autre part, elle est prévue pour être équipée d'une voile très légère et de petite taille ce qui est beaucoup plus facile à sortir de l'eau ».

Dans cet exemple, le vendeur enchaîne logiquement les arguments concernant tous les systèmes de représentation sensorielle ; mais en fait il ne traite que deux aspects : les aspects visuels (forme de la planche) et les aspects kinesthésiques (légèreté de la voile), il laisse apparemment au client l'aspect auditif (vous vous féliciterez).

## E – ARGUMENTS DE REVE ET PREUVES TECHNIQUES

Les vendeurs inexpérimentés confondent souvent les critères et les caractères techniques qui les soutiennent. Quand on achète quelque chose, un critère sert de base à notre démarche, mais c'est toujours une preuve matérielle soutenant ce critère qui emporte la décision parce qu'elle permet au client de justifier son achat.

Dans l'exemple précédent, notre vendeur tient compte de ceci, le critère exprimé c'est « une bonne planche à voile pour débutant », les caractères techniques (forme de la planche pour la stabilité, caractéristiques de la voile pour la facilité d'emploi) qu'il avance viennent appuyer ce critère. S'il s'était contenté de dire « prenez celle-ci, elle est formidable » cela n'aurait probablement pas suffi ou seulement suffi à montrer son incompétence.

Le client qui cherche un produit arrive avec une idée plus ou moins imprécise de son objectif, le rôle du vendeur est de le conseiller et pour cela il doit pouvoir donner les preuves concrètes des arguments qu'il utilise. La publicité en tient compte en nous assénant un argument de rêve puis en nous expliquant que tel produit efface les rides parce qu'il contient tel ou tel ingrédient ou que la lessive X lave mieux que la lessive Y parce qu'elle contient une substance spécifique, etc.

Le rêve devient réalité dans l'esprit du client lorsqu'un élément concret vient lui servir de preuve. C'est une preuve supplémentaire de la nécessité pour le vendeur de bien connaître son produit. Le client ne pose généralement pas de questions techniques, il ne fait qu'annoncer des critères, et ceux-ci demandent à être satisfaits à la fois au niveau subjectif et par des preuves concrètes.

### 3 – Savoir observer les réactions du client : les incongruences

Nous avons déjà longuement insisté sur l'importance de l'observation, quand nous effectuons un calibrage, nous prenons en compte tous les éléments dont le client se sert pour s'exprimer : posture, gestes, clés d'accès visuelles, micro-comportements, qualité de la voix, choix des mots, etc.

Les éléments de la communication autre que verbaux nous renseignent sur le choix inconscient de la personne, si quelqu'un dit « oui » avec ses mots mais « non » avec le reste de ses moyens d'expression, cela montre l'existence d'un conflit que la PNL appelle incongruence.

Chaque fois qu'un client hésite, il produit des incongruences car ce qui caractérise l'hésitation c'est précisément le fait qu'il existe un choix à résoudre entre au moins deux possibilités. Une partie de la personne est d'accord, l'autre pas, et les deux s'expriment à travers le comportement.

Dans la vente, c'est en clarifiant les moyens de satisfaire les critères qu'on parvient à résoudre les incongruences.

Nous avons exposé au chapitre précédent comment déceler les critères et comment amener le client à exprimer son objectif. Si ce travail de recueil des informations est réalisé correctement, le client ne présente pas d'incongruence.

Cependant, si le client continue d'hésiter tandis que nous lui présentons les arguments, cela signifie que nous ne présentons pas ceux qui conviennent, en conséquence avant d'en utiliser d'autres, il est nécessaire de revenir au recueil d'information.

*Exemple*

Le vendeur : « je vois que vous hésitez, et je me demande ce qui vous manque pour pouvoir prendre une décision ».

Le client : « je trouve ce téléviseur très bien, il me convient tout à fait mais j'aurais souhaité en parler en famille car je pensais ne l'acheter que plus tard ».

Le vendeur : « c'est juste, vous devez vous sentir tout à fait libre de l'acheter au moment qui vous convient, cependant, notre société vous permet de l'emporter aujourd'hui et de commencer à le payer plus tard, dans trois mois par exemple ».

Le client : « pouvez-vous me le mettre de côté jusqu'à demain ? je passerai avec ma femme vers dix-huit heures ».

Beaucoup de gens prévoient certains achats dans un laps de temps, s'ils trouvent exactement le produit qu'ils cherchent mais à une date qui ne leur convient pas cela les fait hésiter. Le facteur temps ne doit jamais être négligé. Par ailleurs, quand le client hésite au moment où la vente est sur le point de se conclure cela signifie qu'un critère important a été passé sous silence. Si le climat de confiance n'est pas suffisamment solide, le client n'exprime pas tous ses critères ou bien encore le vendeur ne sait pas les discerner.

Dans cet exemple, le vendeur constate que le client hésite et il le lui dit parce que cela lui montre qu'il sait observer et tenir compte de ses réactions. En outre, si le vendeur sait se montrer attentif au comportement du client, cela soutient le climat de confiance et permet au client d'exprimer le motif réel de son hésitation.

Nous n'évoquons ici que les incongruences liées au processus de choix, nous pouvons en rencontrer d'autres comme en produire nous-mêmes lorsque nous traversons une phase de problèmes personnels.

Si le vendeur s'oblige à sourire, il ne fait que montrer les dents et ce sourire soi-disant commercial n'est pas fait pour mettre le client à l'aise. Si l'on veut se montrer souriant, il est impératif de se trouver une bonne raison de sourire de façon à ce que cette expression du visage apparaisse comme naturelle.

## 4 – L'utilisation des ancrages

Souvenez-vous de la dernière vente que vous avez brillament réalisée. Vous avez dépassé votre objectif et votre client s'est montré très satisfait. Quand il vous a passé une seconde commande vous avez vraiment pris conscience que vous faisiez du bon travail. Quand vous y pensez, vous ressentez un état très positif, vous avez confiance en vous, vous vous sentez en grande forme. A cet instant, si vous laissez venir à votre esprit une image bien définie et que vous vous concentrez sur celle-ci, vous venez de réaliser un ancrage.

Chaque fois que vous penserez à cette image, vous retrouverez la sensation positive qui l'accompagnait dans votre expérience.

Un ancrage c'est une information qui est associée à un état intérieur. Cela peut être une information visuelle, auditive ou kinesthésique. Dans notre vie de tous les jours, nous avons de nombreux ancrages, ils peuvent être associés à des états vécus comme positifs ou comme négatifs.

Dans la vente, nous donnons aussi des ancrages à nos clients et cela sans en avoir toujours conscience. Peut-être avez-vous des clients qui, d'un coup semblent se bloquer ou au contraire se détendre. Si vous cherchez à comprendre comment ils en arrivent là, vous allez certainement trouver un ancrage déclenchant ce comportement.

### Exemple

Martine S est très auditive, au cours d'un stage, elle nous a fait part de cette anecdote.
– « J'ai cessé pendant plusieurs mois d'acheter mes fruits et légumes chez la marchande qui est en face de chez moi bien qu'elle ait vraiment les meilleurs parmi la concurrence, mais, chaque fois qu'elle me servait elle me disait après avoir pesé « et avec les tomates ? » ou le nom de ce qu'elle venait de servir. Cela me ramenait systématiquement en arrière sur ma liste de provisions et presque à chaque fois cela me faisait oublier quelque chose. En plus le ton de sa voix était si aigu que cela me bloquait complètement. J'ai réfléchi et j'ai trouvé une solution pour pouvoir continuer à m'approvisionner chez elle. En arrivant, je lui donne une liste écrite ou bien si je n'ai pas eu le temps de la faire, je lui dis « aujourd'hui, il me faut des pommes de terre, des carottes, une salade, des pommes, etc. », cela l'empêche de répéter sa litanie, et je n'oublie plus rien dans mon marché !
D'autres stagiaires ont demandé pourquoi Martine S n'avait pas directement expliqué à la marchande ce qui se passait. Cette question est fort judicieuse, mais, les bons vendeurs savent d'instinct qu'il existe des personnes qu'il vaut mieux ne pas essayer de faire changer !

# A – LES ANCRAGES LES PLUS COURANTS

### LA POIGNEE DE MAIN

Parmi les ancrages les plus courants, nous citons la poignée de main car elle nous paraît très importante. Dans certains cas, il est difficile, voire impossible, d'éviter de serrer la main à certains de nos clients, et, nous savons par notre expérience personnelle que c'est un moyen de contact qui amène souvent à un jugement. Quand on vous présente quelqu'un et que vous vous serrez la main, vous en éprouvez le contact en terme de chaleur, de froideur, de moiteur ou de sécheresse, de tonus ou de manque de fermeté et cela vous conduit à effectuer un raccourci entre la personne elle-même et sa façon de serrer la main. Si au contact de cette poignée de main vous ressentez un état positif, chaque fois qu'elle se renouvelle elle constitue un nouvel ancrage positif.

Au cours des stages, nous faisons travailler les participants sur cet acte quotidien en les amenant à comparer directement leur expérience à celle des autres afin d'arriver à avoir une poignée de main qui soit un ancrage positif.

### PASSE, PRESENT ET FUTUR : ANCRAGES DANS L'ESPACE

Un autre ancrage très courant c'est celui qui consiste en l'utilisation de la droite et de la gauche en corrélation avec le futur et le passé.

Quand nous observons les clés d'accès visuelles, nous constatons que, lorsque le client regarde à sa gauche (en face de lui vous voyez son regard à droite), c'est qu'il évoque le passé, et lorsqu'il regarde à sa droite (en face de lui vous voyez son regard à gauche) c'est qu'il est tourné vers l'avenir.

### Exemple test

Sur une feuille de papier dessinez une flèche ou faites la dessiner à une personne que vous connaissez.

Selon votre orientation subjective dans le temps, si votre flèche indique la gauche, vos pensées sont tournées vers des événements passés, si elle indique la direction droit devant vous, c'est que vous êtes quelqu'un qui vit dans le présent, et si elle indique la droite c'est que vous êtes orienté vers l'avenir, vous attachez davantage d'importance à ce qui va arriver qu'à ce qui s'est déjà produit.

La graphologie fait un large usage de ces directions en tenant compte de la façon dont l'écriture occupe l'espace déterminé par la feuille de papier. Sont taxés de passéistes ceux qui laissent peu ou pas de marge à gauche et placent leur signature en bas à gauche ; ceux qui laissent une marge large et dont le texte a tendance à déborder à droite passent pour être tournés vers l'avenir.

Bien entendu, ces généralisations n'ont de valeur que si l'on demeure conscient de leurs limites et de leurs exceptions.

En conséquence, dans notre occupation de l'espace, nous tenons compte de cela de la manière suivante. Ce que le client n'aime pas ou ne veut pas d'un produit, nous l'enlevons de son champ visuel en allant vers sa gauche, et ce qui l'intéresse nous le plaçons à sa droite. Bien entendu, si nous avons un gaucher en face de nous, il s'agit d'inverser. En procédant de la sorte, nous donnons un territoire au passé et au futur. Le territoire du présent quand à lui intéresse le système kinesthésique, et ce que le client préfère ou retient comme un choix possible, nous le plaçons alors dans la trajectoire de sa clé kinesthésique : devant lui, légèrement à droite, ou au centre.

ANCRAGES KINESTHESIQUES ET TOUCHER

Un article de Jean-Léon Beauvais et Robert-Vincent Joule paru en Septembre 1988 dans *La Recherche* et intitulé *La psychologie de la soumission* présente une réflexion à propos de l'influence et cite en exemple cette anecdote.

« Les clients d'un supermarché de Kansas City se virent un jour touchés au bras par un démonstrateur qui leur proposait de goûter un morceau de pizza. Ces clients furent deux fois plus nombreux à acheter de la pizza que ceux qui avaient goûté sans faire l'objet de ce *toucher*. Résultat d'autant plus étonnant que personne, le démonstrateur pas plus que quiconque n'était ensuite intervenu pour les inciter à acheter des pizzas ».

Ce résultat n'est cependant pas très surprenant pour qui connaît et pratique la PNL. Le fait de toucher le bras des clients en leur proposant de goûter la pizza représente un ancrage kinesthésique particulièrement bien approprié puisqu'il s'agit de vendre une denrée alimentaire : le goût est par définition un élément kinesthésique. D'autre part, cet ancrage constitue au sens propre et au sens figuré une prise de contact et facilite la décision d'achat.

L'ancrage kinesthésique par le toucher est particulièrement bien adapté quand le produit concerne le corps : aliments, cosmétiques, vêtements, etc. En plus certains clients ont besoin de toucher leur interlocuteur pour réellement sentir qu'ils sont écoutés et compris, leur distance de conversation est courte et, l'on observe généralement un système de représentation sensorielle dominant kinesthésique. Pour ces personnes, on peut se servir largement de cette disposition naturelle pour réaliser des ancrages kinesthésiques par le toucher.

Au moment précis où le client se montre particulièrement intéressé, il se rapproche de l'objet qui suscite son intérêt et pour ancrer cet état spécifique, on peut toucher légèrement son bras ou son épaule. Cette sensation s'associe alors à l'état intérieur, et il suffit ensuite de la renouveler pour faire ressurgir l'intérêt.

Cependant, ceci n'est valable que pour des produits qui concernent directement le corps au niveau de la sensation ou avec un client qui présente une distance conversationnelle courte et qui lui aussi fait usage du toucher pour insister sur ce qu'il dit.

Dans les contextes de développement personnel, la PNL enseigne à pratiquer ce type d'ancrage car c'est certainement un des plus faciles à réaliser. En effet, il est pour beaucoup plus simple de se souvenir d'avoir touché le bras ou l'épaule de son partenaire et de renouveler l'ancrage que de se souvenir avec précision d'un ancrage auditif comme le ton de la voix.

### LES ANCRAGES AUDITIFS

Comme il n'est pas toujours possible de réaliser des ancrages kinesthésiques, nous utilisons aussi les ancrages auditifs.

### *Exemple*

Michèle N qui tient une bijouterie, venait de vendre une pièce importante à une cliente quand celle-ci fit remarquer : « la musique que vous mettez est vraiment très agréable... ». Quelques mois plus tard, cette cliente revient à la recherche d'un autre bijou, elle hésite, réfléchit, ne parvient pas à se décider, Michèle N qui est seule à ce moment doit aller répondre au téléphone, elle s'en excuse, disparaît quelques instants et en profite pour changer de cassette, remettant celle dont la cliente lui avait parlé lors de son précédent passage. Lorsqu'elle revient près de sa cliente, la physionomie de celle-ci a changé, elle lui pose quelques questions à propos d'un des bijoux, puis conclut d'elle-même « je prends celui-ci, finalement, cela ne sert à rien d'hésiter puisqu'il me plaît ! »

### L'AUTO-ANCRAGE

Les phénomènes du mimétisme comportemental sont tels que nos états intérieurs peuvent inconsciemment être communiqués à ceux que nous côtoyons. Il nous est arrivé à tous de dire qu'une personne nous met de bonne humeur ou nous énerve ou encore nous déprime, nous ne saurions pourtant pas expliquer exactement comment elle s'y prend pour arriver à ce résultat.

Notre inconscient recueille des informations qui produisent ce résultat, les personnes particulièrement intuitives ont tendance à se fier à leurs sensations, elle font confiance à leur compétence inconsciente tandis que les autres essaient de faire jouer la raison.

Ceci étant posé, nous devons être conscients que nous pouvons communiquer nos états intérieurs par l'intermédiaire de la combinaison de tous nos moyens d'expression. Quand nous sommes incongruents, nous communiquons du malaise et provoquons de la méfiance. Quand nous sommes confiants et enthousiastes, nous transmettons de la confiance et de l'enthousiasme, c'est pourquoi, nous allons chercher à susciter en nous-mêmes ces états intérieurs positifs de façon à les communiquer à nos partenaires.

La technique, toujours la même, consiste à associer un élément d'information (son, image, sensation) à un état intérieur. (1)

### 4 – Le Milton Model et les commandes imbriquées

Quand nous devons clarifier un objectif, nous utilisons le métamodèle pour le langage comme nous l'avons vu au chapitre précédent. Quand nous voulons, compte tenu de cet objectif présenter les arguments qui en satisfont les critères, nous nous servons de l'inverse du métamodèle : le Milton Model.

Ce modèle présenté par Richard Bandler et John Grinder dans leur ouvrage « Trance Formation » établit un code du langage de la persuasion à partir de la pratique de Milton Erickson. Ce dernier est un personnage célèbre dans le monde de la psychothérapie car il a mis au point des techniques d'écoute et d'intervention dont la PNL découle en droite ligne.

En particulier, Milton Erickson s'est rendu célèbre par sa pratique très personnelle de l'hypnose. Quand on parle aujourd'hui d'hypnose ericksonnienne, cela n'a rien à voir avec les méthodes traditionnelles pas plus d'ailleurs qu'avec l'hypnose de spectacle.

On peut affirmer que l'hypnose ericksonnienne c'est l'art de capter l'attention de son interlocuteur et de le conduire vers l'objectif qui lui convient le mieux.

Dans notre vie de tous les jours il nous est arrivé parfois d'être si concentrés en regardant un bon film, lisant un livre passionnant ou écoutant un conteur, que nous ne faisions plus attention à autre chose, ni ne voyions le temps passer : selon Milton Erickson cette concentration particulière est considérée comme un état hypnotique.

Dans notre activité de vente nous n'avons pas besoin de susciter ces états particuliers, en revanche il nous faut retenir l'attention du client vers l'objectif à atteindre tout en la détournant d'une critique négative.

Les techniques du Milton Model servent à donner au client l'impression que c'est lui qui décide. Elles agissent en délimitant volontaire-

---

(1) Pour des explications détaillées, le lecteur peut se référer à *Maîtriser l'art de la PNL*

ment des zones d'imprécision que le client complète lui-même. Il acquiert ainsi la certitude d'être seul décideur et l'engagement nécessaire pour prendre sa décision.

L'engagement est une notion fondamentale dans la prise de décision et les chercheurs ont montré que plus on donne à quelqu'un de bonnes raisons pour faire quelque chose moins il se sent personnellement engagé dans cette action. Inversement, plus la demande manque de justifications précises et plus la personne s'engage pour y répondre parce qu'elle crée elle-même ses bonnes raisons.

Pour atteindre cet objectif le Milton Model sert de guide pour l'utilisation d'un langage approprié.

### 1) LES NOMINALISATIONS

Imagination, liberté, curiosité, bénéfice, intérêt, etc.

Ces mots possèdent une grande puissance évocatrice mais manquent totalement de précision car leur contenu est très personnel à chaque individu.

— « Votre imagination vous montre déjà les multiples intérêts de ce matériel ».

### 2) LES VERBES

Les verbes sont rarement explicites en eux-mêmes, ils constituent plutôt l'élément dynamique du langage et ne prennent de sens que par le contexte.

— « Imaginez un instant que vous possédez cet ordinateur ! »

Dans cet exemple, le premier verbe est imprécis mais pas le second !

### 3) LES NOMS DE CATEGORIES

De nombreux clients cherchent à s'identifier à une image lorsqu'ils achètent un produit, cette image valorisée peut être évoquée par un nom de catégorie.

— « Les décideurs choisissent en majorité cette solution ».

### 4) LES ADVERBES EN « MENT » : VRAIMENT, REELLEMENT, EVIDEMENT...

— « Vous avez réellement intérêt à choisir ce produit ».

Dans cette phrase, on ne sait pas ce que recouvre « réellement ».

### 5) LES COMPARAISONS

— « Vous faites mieux de vous adresser à un vrai professionnel ! »

Cette phrase omet de préciser l'autre élément de la comparaison introduite par « mieux », en outre, elle utilise un nom de catégorie.

**6) DEVOIR, FALLOIR, POUVOIR...**

— « Vous devez savoir qu'il n'y a pas mieux sur le marché actuellement ».
— « Il faut l'essayer ! »
Ces deux affirmations omettent de préciser ce qui se passerait si la personne ne se soumettait pas à leurs injonctions respectives.

**7) ON, LES GENS, PERSONNE, TOUT LE MONDE...**

— « On a déjà dû vous en dire beaucoup à propos de cette innovation ».
— « La première fois qu'on utilise un appareil de ce type, on est un peu déconcerté, puis on découvre les facilités qu'il apporte ».
Dans ces affirmations, il est impossible de savoir qui se cache derrière le « on ». Ce pronom est utilisé principalement pour parler de soi sans se nommer précisément tout en évoquant l'existence de plusieurs personnes partageant le même point de vue ou la même expérience.

**8) LES RELATIONS DE CAUSE A EFFET**

Il est bien souvent très rassurant de croire qu'il existe une seule cause à un effet, or il n'en est rien mais nous avons tellement envie d'y croire que cela marche très bien quand il s'agit de considérer les choses superficiellement.
— « Les vendeurs de chez X réussissent mieux que nous car leurs produits sont moins chers ! »

**9) LA DIVINATION**

— « Je sais ce que vous allez penser en découvrant que c'est gratuit ! »
Comment la personne s'y prend-elle pour avancer cette affirmation ?
Elle se garde bien de le dire, en fait, elle projette la plupart du temps sa propre pensée.
Quand on pense à la place de quelqu'un, on se prive de connaître son opinion et, dans la vente, c'est le piège le plus fréquent.

**10) LES ADVERBES DE TEMPS : AVANT, PENDANT, APRES**

— « Avant d'essayer ce nouveau produit, vous vous posez certainement des questions et je suis là pour y répondre ».
— « Pendant que vous regardez ce projet, vous imaginez comment vous pourrez en bénéficier ».
— « C'est après avoir utilisé cet appareil que vous vous féliciterez de votre choix ! »

## 11) L'ALTERNATIVE ILLUSOIRE

— « Voulez-vous me rencontrer à quatre heures ou à cinq heures ? »
Dans cette tournure de question, un choix entre deux options est proposé mais il exclut, au moins en apparence, la possibilité d'un troisième choix (pour l'exemple ci-dessus : je n'ai pas l'intention de vous rencontrer !)

## 12) LES ORDINAUX : PREMIER, DEUXIEME, ETC.

— « La seconde fois que je suis allé à Honkong... »
Cela implique qu'il y a eu une première fois.
— « Quand vous avez vu cet objet pour la première fois, vous avez eu envie de le découvrir ».

## 13) LES VERBES ET LES EXPRESSIONS SIGNIFIANT UNE PRISE DE CONSCIENCE : COMPRENDRE, REALISER, SAISIR, DECOUVRIR

— « Vous comprenez parfaitement quel est le sens de votre intérêt ».
— « Vous êtes en train de découvrir l'une des nombreuses possibilités de notre proposition ».
Là encore existe une grande imprécision, chacun comprend les choses à sa manière personnelle, mais chacun attribue une signification importante à la prise de conscience.

## 14) LES POSTULATS DE LA CONVERSATION

Nous regroupons sous cette expression, ce que nous disons et qui signifie quelque chose que nous n'avons pas dit, en d'autres termes certains sous-entendus.
La personne pense qu'il faudrait monter le chauffage mais elle dit :
— « Il fait froid ici ! »
L'objectif est de faire en sorte que celui qui entend ce message comprenne à demi-mot.
— « Vous avez l'heure ? »
Si la personne à qui l'on demande cela répond réellement à la question, elle ne peut dire que oui ou non, mais en général elle comprend qu'il lui faut donner l'heure.
Les postulats de la conversation s'avèrent très amusants à détecter et à utiliser car ils sont aussi un moyen humoristique.

## 15) LES RESTRICTIONS SELECTIVES

Cela consiste à appliquer des qualités d'êtres vivants à des objets, en termes de métaprogrammes à confondre la catégorie des personnes avec celle des choses.
— « La ville est bien triste en cette saison ! »

Ce procédé peut être utile dans la conversation pour établir des relations de cause à effet.
— « Quand le temps est aussi souriant, cela met de bonne humeur ! »

### 16) LES CITATIONS

Il peut être utile de faire des citations d'une part si l'on est certain que celui qu'on cite représente une référence pour l'interlocuteur, si l'on cite un illustre inconnu cela n'a pas de poids.
On peut aussi citer des proverbes mais en faisant attention de ne pas tomber dans des truismes pesants.
— « Le cœur a ses raisons... » Si vous voulez vraiment vous faire plaisir n'hésitez pas, vous le regretteriez.

### 17) LES BONNES HISTOIRES DE MON AMI GERARD

— « J'ai rencontré l'année dernière un client qui, comme vous, avait d'abord eu affaire à mon concurrent, quand il compris quels avantages concrets il avait à se fournir chez nous, il a fait son choix ».
Parfois, une anecdote que l'on raconte comme si elle nous était arrivée ou arrivée à un ami fait force de loi et aide à convaincre notre client qui se dit « si cela lui est arrivé, il est bien placé pour me comprendre ».

### 18) LES COMMANDES IMBRIQUEES

Cette expression recouvre l'existence d'ordres ou de conseils dissimulés à l'intérieur de la phrase et qui n'apparaissent dans la conversation que parce qu'ils sont prononcés légèrement différemment de leur contexte.
— « Imaginez un instant que *vous venez d'acheter cette voiture... »*
— « Vous vous demandez si *vous faites vraiment le meilleur choix... »*
Les commandes imbriquées ou ordres cachés sont indiqués en italique. Pour que la technique soit efficace, l'ordre doit être prononcé de façon à ce qu'il soit perçu comme tel au niveau inconscient. En général, nous conseillons de ralentir légèrement le rythme du discours pour que la commande imbriquée agisse, mais toute autre modification peut être aussi utile pour autant qu'elle reste très discrète car son efficacité dépend essentiellement du fait qu'elle ne soit pas retenue par la critique consciente.

Le Milton Model se révèle un outil exceptionnellement efficace pour autant qu'on l'utilise dans le respect de ses partenaires. La règle d'or consiste à ne jamais sous-estimer la perspicacité et le discernement de nos clients, quand nous voulons manipuler cela se manifeste tôt ou tard d'une façon ou d'une autre.

Au cours des stages nous avons souvent des questions à propos de l'effet manipulateur de telle ou telle technique et c'est pourquoi nous souhaitons apporter quelques précisions à ce sujet. C'est quand nous nous apercevons que notre partenaire essaie de nous manipuler que notre méfiance s'éveille à juste titre ; le manipulateur se trahit dans la plupart des cas parce qu'il est tellement obsédé par son objectif qu'il arrive à ne plus recevoir les messages de son partenaire.

Chaque fois que nous cherchons à convaincre quelqu'un on peut appeler cela de la manipulation dans le cas où nous ne tenons pas vraiment compte de cette personne. Si au contraire nous cherchons à convaincre quelqu'un en prenant connaissance et en tenant compte de son objectif, on peut alors parler d'influence ou de conseil, mais certainement pas de manipulation.

## 5 – Quels états intérieurs voulons nous induire chez le client ?

Quand nous sommes en train de présenter un ou des arguments, l'état intérieur le plus utile entre tous est certainement celui d'attention ou de réceptivité. En effet, c'est à ce moment précis que le client peut ou non se transformer en acheteur parce que nous savons faire valoir les aspects du produit qu'il attend. En conséquence, plus le client est attentif et plus nos arguments ont de poids. Ensuite, il faut que cette écoute le conduise à avoir envie d'essayer concrètement ce que nous proposons de manière à pouvoir ensuite conclure la vente.

## A – SOUTENIR L'ATTENTION

Pour définir l'état d'attention nous allons reprendre nos précédents critères les uns après les autres. Quand on est attentif, on est dans le temps présent, orienté vers l'autre ou vers la source d'intérêt, on est également plutôt passif car on attend quelque chose d'extérieur à soi-même sans avoir sur elle d'action directe, le rythme de l'attention peut être rapide ou lent selon les personnes, c'est pourquoi nous ne retiendrons pas ce critère ici. Cependant, à propos du rythme, nous devons nous souvenir que l'attention est fugace, et que très peu de personnes parviennent à se concentrer intensément pendant plus de dix minutes, ce qui représente d'ailleurs un maximum.

Dans l'enseignement, nous sommes conscients de cela et faisons très attention à ne pas prolonger les explications théoriques au-delà d'une ou deux minutes d'affilée. Généralement, nous faisons suivre les aspects théoriques de quelques exemples ou d'une démonstration, puis nous sollicitons des réactions et répondons aux questions.

Dans la vente, on peut s'inspirer de cela de façon très bénéfique.

Quand on explique quelque chose à un client, on doit illustrer son argument par des exemples qui entrent dans son cadre de référence : ce que l'on sait du client, de sa profession, de ses loisirs ou de ses goûts. Partant du principe que nous comprenons surtout ce qui nous est familier, il est beaucoup plus facile d'intégrer une information qui se trouve « traduite » dans nos références.

## B – DONNER ENVIE D'ESSAYER LE PRODUIT

A partir de l'attention du client, le vendeur va pouvoir susciter le désir d'essayer le produit, c'est l'étape qui permet de conclure.

Le désir d'essayer est ressenti cette fois sur un mode actif, le client est orienté vers lui-même, son attention se situe dans le présent et le futur immédiat, enfin le rythme est rapide : quand on a envie d'essayer quelque chose c'est tout de suite, si l'on doit remettre l'essai à une date ultérieure celle-ci doit être fixée précisément.

Bien entendu, il est des produits que l'on ne peut essayer autrement qu'en les achetant, si l'on vend de la formation ou des assurances, il n'est pas possible d'en proposer à l'essai. En revanche si l'on vend des voitures l'essai fait partie intégrante du processus de la vente. Cependant, les caractéristiques du produit sont secondaires ici parce que dans tous les cas de figure l'envie d'essayer précède toujours l'achat.

## 6 – Comment y arriver ?

Pour susciter l'attention, nous allons nous livrer à un petit exercice de mémoire : souvenez-vous de la dernière fois que vous avez éprouvé une grande attention en face de quelqu'un, posez vous les questions suivantes et répondez y le plus exactement possible.

– Qu'est-ce qui précisément a retenu mon attention ?
– Qui était directement concerné ?
– Combien d'éléments distincts ai-je retenus de cette expérience ?
– Quel était le comportement de mon interlocuteur ?

La première question définit le contexte, il s'agit bien entendu d'un facteur très variable, la seconde question tend à mettre en évidence la motivation essentielle de l'attention : la personne se sent directement concernée quand elle est attentive.

La troisième question tend à montrer qu'en fait un très petit nombre d'éléments sont retenus, comme nous l'avons souligné auparavant, il n'est pas utile ni pertinent de submerger un client attentif sous un flot d'arguments, qui ne font que diluer sa réceptivité.

Les réponses que le lecteur donne à la quatrième question sont destinées à lui montrer comment sur un plan personnel il souhaite être informé à propos d'un sujet qui le concerne directement.

Là encore, les réponses peuvent varier considérablement, en général, nous avons tendance à aimer être informés comme nous le ferions nous-mêmes. Si nous sommes passionnés par notre sujet, cette passion transparaîtra dans nos propos, si nous privilégions une attitude distante, froide et logique cela guidera aussi notre manière de vouloir susciter de l'attention.

Cependant, une constante demeure, si vous avez donné à la quatrième question une réponse telle que « je ne me souviens pas très bien du comportement de mon interlocuteur », c'est que celui-ci s'est harmonieusement accordé avec vos propres critères comportementaux. Votre attention est allée vers le contenu de l'information et pas sur sa forme parce que celle-ci n'a présenté aucun caractère en rupture avec vos critères.

## A – LES CRITERES DE L'ATTENTION

Comme nous l'avons évoqué plus haut, le critère majeur qui motive l'attention, c'est le fait qu'une personne attentive se sente directement concernée par l'information qu'elle reçoit. Cela implique de bien connaître par quels critères la personne devient concernée. Ceci fait partie des étapes de recueil de l'information et quand celles-ci sont correctement effectuées, il ne reste qu'à choisir le moyen qui s'offre naturellement.

Si l'on a affaire à un client de type *guerrier,* c'est son sens de l'action qui le rendra concerné et attentif, s'il s'agit d'un *berger* on utilise son critère de relation avec les autres, pour les scribes la curiosité et pour les marchands l'intérêt matériel. Ces quatre catégories n'apparaissent bien entendu pas toujours aussi nettes, parce qu'en fonction du contexte le client agit selon l'une ou l'autre, cependant des constantes apparaissent dans le comportement qui renseignent sur le type de critère à utliser.

D'autre part, pour que le client se sente réellement concerné et devienne attentif, tout ce qui permet de lui montrer que le vendeur s'adresse à sa personne et non à un numéro va dans le sens de l'objectif. Quand nous recevons des courriers publicitaires « personnalisés » avec notre nom écrit en grosses lettres tout au long du message, la société vendeuse ne fait rien d'autre que d'essayer de nous rendre attentifs en s'adressant à notre individualité.

Dans le cas du représentant ou du vendeur itinérant, un des meilleurs moyens consiste à prendre quelques notes à propos de chaque client visité de façon à ce qu'à la visite suivante il lui soit facile de retrouver les informations que le client a données à son sujet. Si le vendeur évoque ces détails, il montre ainsi à son client qu'il se souvient de lui en tant que personne et cela provoque instantanément l'état recherché.

## B – LE COMPORTEMENT DE L'ATTENTION

Pour être attentives, certaines personnes ont besoin d'être étonnées ou d'apprendre quelque chose de nouveau, c'est notamment le cas des clients de type *scribe,* si le vendeur répète quelque chose qu'il croit connaître, l'attention se relâche immédiatement. Pour rendre ces clients attentifs, il faut alors créer un effet de surprise. L'effet de surprise est directement lié à un contenu, il n'y a pas de recette type mais des indications qui renseignent le vendeur sur l'opportunité de le provoquer. Par exemple, le client qui reçoit le représentant en lui posant une question telle que : « Quoi de neuf aujourd'hui ? » manifeste le désir d'être étonné, c'est le moment de présenter des produits nouveaux, quitte à revenir un peu plus tard sur les autres.

Pour d'autres clients en revanche, la nouveauté semble susciter de la méfiance et ils préfèrent s'en tenir à des produits qu'ils connaissent déjà, pour les rendre attentifs et réceptifs, il est souhaitable de revenir à ce qui les rendait attentifs lors de l'entretien précédent. Dans le cas d'un premier contact, plutôt que de chercher d'emblée à susciter de l'attention, mieux vaut s'en tenir à établir un solide climat de confiance en pratiquant les techniques de mimétisme comportemental.

Dans tous les cas, lorsqu'on souhaite rendre le client attentif, il est impératif d'avoir un comportement compatible avec ce dernier. En tenant compte des phénomènes de mimétisme comportemental, on peut être certain que si l'on manifeste de l'attention pour son client cela l'oblige dans une certaine mesure à en faire de même. Par contre, si le vendeur ne semble pas concerné, il suscite chez son client des comportements qui ne facilitent pas son travail. Pour s'en convaincre, essayez seulement de vous souvenir de la dernière fois où vous êtes entré acheteur dans un magasin et que, devant l'indifférence manifeste du vendeur, vous en êtes sorti les mains vides en vous promettant de ne surtout jamais y revenir !

## C – LES MOYENS DU DESIR D'ESSAI

Quand le vendeur a présenté les arguments justes pour son client attentif, le désir de concrétiser la démarche surgit naturellement, dans la plupart des cas le client pose alors une question d'ordre pratique.

*Exemple*

— « Quand pouvez-vous me le livrer ? »
Quand le vendeur entend une telle phrase, il sait que la vente est conclue. Cependant, nous nous intéressons ici aux situations dans lesquelles l'attention a été suscitée mais n'est pas suivie d'une telle initiative de la part du client.

En effet, beaucoup de clients attendent qu'on les guide et ne prennent pas toujours les devants, ce qui embarrasse parfois le vendeur.

Comme pour les autres situations, revenons à notre propre expérience et posons-nous la question de savoir ce qui nous donne le désir d'essayer ce que nous voulons acheter. Nous trouvons généralement à la base de ce désir le besoin d'une dernière preuve très concrète qui servira de vérification finale qui, si elle est positive, nous permettra de sortir de notre stratégie de prise de décision d'achat.

Quand nous désirons passer à l'essai pratique, c'est que la majorité de nos critères est satisfaite, et que, quelle que soit notre personnalité de client (guerrier, berger, scribe ou marchand), nous voulons vérifier que notre idée construite à propos du produit correspond bien à ce que nous en attendons.

Nous avons remarqué quelques techniques qui donnent généralement de bons résultats pour provoquer le désir d'essai.

### L'UTILISATION DU SYSTEME DE REPRESENTATION SENSORIELLE KINESTHE-SIQUE

C'est dans la plupart des cas celui qui sert de test à la stratégie de prise de décision d'achat car nous ne passons à la réalisation que si nous accédons à une sensation positive.

*Exemple*

— « Quand vous aurez goûté le confort de ce manteau, je sens que vous serez conquise ! »

### L'UTILISATION DU FUTUR OU DU PRESENT A LA PLACE DU CONDITIONNEL

Quand le client est sur le point de passer à l'essai il est très utile de savoir placer sa démarche dans le présent ou le futur. Tant que l'on reste dans le conditionnel, cela signifie que l'achat demeure probable mais pas certain. Quand on utilise le futur ou le présent, l'achat devient beaucoup plus certain, sa réalité semble alors ne plus faire le moindre doute dans l'esprit du vendeur et cette certitude peut influencer le client en lui étant communiquée.

*Exemple*

Comparez les deux affirmations qui suivent
— « En installant ce système d'éclairage, vous mettez tout votre environnement en valeur ».
— « Si vous utilisiez ce système d'éclairage, cela mettrait tout votre environnement en valeur ».

## LE CADRE DU « COMME SI »

*Exemple*

— « Imaginez un instant que vous possédez cette bibliothèque ! »
— « Songez à ce que vous vous direz si vous augmentez vos bénéfices de 20 % grâce à une meilleure organisation ! »
Dans ces deux exemples, le vendeur fait imaginer au client un résultat qu'il présente comme une réalité. En fait, pour que la technique donne les meilleurs résultats, il est judicieux d'y associer une commande imbriquée. Dans le premier exemple « vous possédez cette bibliothèque », dans le second « vous augmentez vos bénéfices de 20 % », servent de commandes imbriquées. Même quand on n'ajoute pas ce raffinement, le cadre du *comme si* consiste à construire une réalité plausible de la réalisation de l'achat dans laquelle le client se félicite de sa décision ou éprouve de la satisfaction.

## LA POSSESSION ANTICIPEE

*Exemple*

— « Votre système d'alarme fonctionne de façon totalement autonome, vous partez enfin tranquille ».
La possession anticipée consiste à faire comme si le client possédait déjà le produit. C'est une technique très classique, et nous conseillons de l'utiliser de façon indirecte pour qu'elle passe inaperçue de la critique consciente ; en plaçant le produit en situation dans l'environnement du client, il l'y intègre tout naturellement sans qu'il soit besoin d'insister lourdement.

*Exemple*

— « Votre maison est bien protégée, le système d'alarme fonctionne de façon totalement autonome et vous partez enfin tranquille ».
Nous avons présenté de nombreuses techniques destinées à transmettre les arguments, celles-ci permettent seulement de faciliter l'intégration du message. Ce ne sont en aucun cas des recettes miracles. Cela explique pourquoi nous ne citons que très peu d'anecdotes souhaitant ainsi donner au lecteur des outils qu'il pourra utiliser quel que soit le contexte de son action.

# Chapitre VI

# GERER LES OBJECTIONS
# ET CONCLURE LA VENTE

## 1 — Le vécu de l'objection

Il nous apparaît dans la pratique de la vente et au cours des stages de formation que la plupart des vendeurs redoute particulièrement les objections du client. Certains les craignent tant qu'ils les devancent en les suggérant à leurs partenaires. Nous comprenons cette attitude dans le cadre d'un manque de confiance à la fois dans la valeur du produit et en conséquence dans la compétence au niveau de la relation.

Ce qui nous semble essentiel pour donner au vendeur l'assurance indispensable face aux objections, c'est qu'il soit totalement convaincu de la valeur de son produit. Pour ce point nous ne revenons pas sur les méthodes présentées au début de cet ouvrage, si ce n'est pour insister sur l'importance qu'elles revêtent à tout moment de la vente. Le vendeur considère souvent l'objection comme une attaque personnelle, et quelquefois il a raison car le client ne cherche sans aucun doute ni à acheter ni même se renseigner, il poursuit un objectif différent qui passe par une tentative de mise en échec de son interlocuteur.

Beaucoup de gens croient que l'on est plus authentique quand on est mal à l'aise, c'est le cas notamment de certains journalistes qui tentent n'importe quelle méthode pour que leur interlocuteur « sorte de ses gonds » de façon à reprendre les propos de la personne sur un mode spectaculaire. Ce procédé nous amène à réfléchir sur la validité des objectifs.

Si nous cherchons réellement en tant que client à obtenir des informations à propos d'un produit qui nous intéresse, nous posons des questions justifiées. En revanche, si notre objectif est de « faire sortir le vendeur de ses gonds », nous lançons des remarques ou des questions qui n'ont qu'un lointain rapport avec l'objectif avoué.

## A – LES OBJECTIONS FONDEES

**Exemple**

Le client : « Ce réfrigérateur me conviendrait bien mais vous ne m'avez pas dit combien de temps il était garanti ».
Le vendeur : « Ce matériel est extrêmement fiable, il n'a pas besoin d'être garanti car il est fait pour durer ! »
Le client : « Est-ce que cela veut dire qu'il n'est pas garanti ? »
Dans cet exemple, le vendeur se met lui-même dans une situation gênante : le client veut avant d'acheter obtenir une certitude à propos de la garantie, manifestement le vendeur n'entend pas s'aventurer sur ce terrain et préfère tenter d'éviter la question. Cela conduit le client vers un sentiment de méfiance et peut faire échec à la vente.
Dans cet exemple, l'objection-question est réellement fondée, l'exemple suivant nous montre un type d'objection non fondée.

## B – LES OBJECTIONS FONDEES ET LES AUTRES

*Exemple*

La cliente : « Cette bicyclette me plairait bien mais ce qui me fait hésiter c'est la couleur, mon mari va trouver cela affreux ! »
Le vendeur : « Peut-être devriez-vous revenir avec lui comme cela vous sauriez ce qu'il en pense ? »
La cliente : « Oh non ! certainement pas, il ne veut pas entendre parler de bicyclette ! »
La cliente est manifestement de mauvaise foi, son objectif réel n'est pas d'acheter une bicyclette, d'ailleurs, bien que la couleur compte pour ce type d'achat, cela ne représente généralement pas le critère décisif. Une objection non fondée s'appuie la plupart du temps sur des détails annexes au lieu de concerner réellement le produit et son usage. Dans cet exemple, outre la couleur, une tierce personne est impliquée, et même si le vendeur peut résoudre en paroles les objections de la cliente, il peut être certain que son imagination lui en soufflera d'autres de plus en plus impossibles à traiter. Dans la vie quotidienne nous trouvons aussi ce type de situation.

*Exemple*

— « Je partirai bien en vacances mais je n'ai pas de voiture ».
— « Tu pourrais prendre le train... »
— « Oui mais avec les bagages à porter c'est fatigant ! »
— « Pour toi seul tu ne dois pas avoir beaucoup de bagages... »

— « Non bien sûr, mais le train ne t'amène jamais jusqu'à lieu où tu vas, il faut prendre ensuite un bus, ou autre chose, cela n'en finit pas ! »
— « Ce n'est que l'affaire d'une petite journée, quand tu es arrivé tu profites de la plage et du soleil ! »
— « Non, ce n'est pas possible, cela fait déjà deux jours perdus avec le transport, une fois arrivé pour peu qu'il pleuve, les vacances sont ratées, en plus il y a la foule. Vraiment, j'envie ceux qui prennent des vacances parce que pour moi c'est vraiment impossible ».

Cet exemple nous montre sous une forme à peine caricaturale une avalanche d'objections. L'interlocuteur qui essaie de bonne foi de rendre la situation positive ou de minimiser les désagréments ne fait en réalité que leur préparer le terrain.
Ce type d'objections en cascade ou en avalanche traduit un objectif caché. Le client qui submerge le vendeur de remarques négatives avec une apparente logique signifie en fait qu'il poursuit un objectif différent de celui pour lequel il prétend être là.
La difficulté majeure qui se présente face à une objection consiste à en déterminer la nature : s'agit-il d'une objection fondée ou d'un objectif caché ? Les deux utilisent souvent les mêmes mots, en conséquence l'attitude du vendeur doit être centrée sur l'observation du client dans l'ensemble de son comportement. Quand il s'agit d'un objectif caché, le comportement du client est manifestement incongruent. Sans entrer dans les détails en première observation, le vendeur attentif comprend que « quelque chose ne va pas ». Rappelons brièvement que l'incongruence se produit lorsqu'il existe une dysharmonie entre les différents moyens d'expression du client, celui-ci tente généralement d'exprimer quelque chose en désaccord avec ce qu'il éprouve : son état intérieur et son comportement extérieur ne concordent pas.
Pour traiter dans un premier temps les objections non fondées il s'agit de vérifier que l'on a affaire à un objectif caché. Le calibrage sert alors pour vérifier la congruence ou l'incongruence du comportement. On confirme cette première observation en remarquant si le client s'acharne ou non à trouver des contre-exemples négatifs aux réponses. Si c'est le cas, le vendeur doit savoir que le client poursuit un objectif caché et qu'il faut abréger l'entretien ou, s'il veut le prolonger, qu'il sort du cadre de la vente.
Le vendeur a toujours le choix de continuer à s'entretenir avec son client, même s'il est conscient que celui-ci n'a pas l'intention d'acheter mais se sert de ce cadre pour autre chose (souvent, le client cherche à parler de ses préoccupations). Cette option peut aussi bien se révéler fructueuse dans un second temps : le client n'achète rien le jour de l'entretien, mais s'il se souvient d'un contact positif avec le vendeur. Il reviendra de préférence vers ce dernier lorsqu'il sera réellement acheteur.

## 2 – Signification de l'objection

Quel que soit le type d'objection, il s'agit toujours d'un commentaire sur le recueil d'information. De plus, le client qui objecte montre de l'intérêt pour le produit : s'il était indifférent, il ne chercherait pas ce type de discussion.

Dans l'ensemble, l'objection est donc à considérer comme un acte très positif puisqu'elle donne au vendeur la preuve que le client porte de l'intérêt au produit, et qu'elle lui offre l'occasion de compléter son argumentation.

D'une façon générale, le vendeur a intérêt à savoir ce qui ne plaît pas au client et à le laisser s'exprimer car il est beaucoup plus facile de répondre à une critique explicite que de tenter de résoudre un problème dont on ne connaît pas les données. Pour arriver à ce résultat, le vendeur utilise les questions ouvertes de type « Que pensez-vous de ceci ? » afin de laisser le client donner son avis et d'en prendre connaissance.

Quand il s'agit d'une objection fondée, le client demande des informations supplémentaires ou des explications qui ne lui ont pas été fournies. Quand il s'agit d'un objectif caché, cela signifie que les techniques de recueil d'information n'ont pas permis de le découvrir. Le client objecte car il est inconsciemment frustré du fait que le vendeur ne réponde pas à son objectif réel, pourtant s'il le faisait le client, se sentant découvert, n'aurait de cesse de créer d'autres sortes de difficultés.

L'objectif caché dans le cadre de la vente crée ce qu'on appelle une « double contrainte » : le client veut sortir gagnant de toute façon, son attitude revient à celle du parieur à pile ou face qui annonce comme règle du jeu : « face je gagne, pile vous perdez ! ». Le rôle du vendeur n'est pas facile dans ces conditions car il doit faire appel à toute sa créativité pour trouver une solution acceptable pour chacun. S'il est conscient de l'existence d'une relation de double contrainte, cela lui rend la tâche nettement plus confortable. En conclusion, nous affirmons que le traitement de toutes les objections fondées ou non doit en toutes circonstances ménager la susceptibilité du client et que le vendeur y parvient en devenant conscient de la structure de la situation.

La susceptibilité du vendeur s'en trouve aussi protégée car s'il agit en toute connaissance de cause il se place dans une position de témoin actif qui lui permet d'échapper à toute sensation de mise en échec.

## 3 – Les objections les plus courantes

Au cours des stages de PNL appliquée à la vente nous avons en tant que formateurs à répondre à beaucoup d'objections à propos des objections. Nos stagiaires ne se privent pas de nous poser des questions à propos de certaines objections qui les gênent pensant qu'elles vont aussi nous poser des problèmes. Nous allons en étudier quelques-unes parmi les plus fréquentes.

## A – LA QUESTION DU PRIX

**Exemple**

Le client : « C'est trop cher ! »
Le vendeur : « A combien estimez-vous le prix de cet article ? »
Les vendeurs expérimentés s'accordent pour affirmer que la question du prix est très rarement déterminante dans la prise de décision d'achat. Cependant, il est évident que les clients choisissent entre deux produits similaires celui qui leur paraît au plus juste prix, il n'y a en effet aucune raison de payer plus cher pour le même article et c'est pourquoi l'objection du prix trop élevé revient très souvent comme un écueil difficile à surmonter par la plupart des vendeurs.
Quand on travaille en magasin, les prix sont généralement affichés sur les articles présentés en vitrine, le client peut à loisir en prendre connaissance avant d'entrer. La plupart du temps, et quel que soit le type de vente, le prix peut être facilement connu. D'autre part, rien n'empêche le client de se renseigner. En revanche, quand il est difficile ou même impossible de prendre connaissance du prix du produit avant d'entrer dans la relation de vente, le client tend davantage à objecter sur ce sujet.
En outre, quand on fonde sa stratégie commerciale uniquement sur le prix, il ne s'agit plus de vente, mais de distribution. Nous insistons, parce qu'avant d'étudier une question il faut toujours en situer précisément le contexte. Néamoins, les différences entre vente et distribution, plus ou moins claires dans l'esprit des vendeurs, ne sont pas perçues en tant que telles par les clients.
Il est certain que le client choisit de préférence de payer ce qu'il achète le moins cher possible. Mais il comprend et accepte de payer cher un produit dont le prix lui paraît justifié en raison d'une qualité particulière ou d'une différence entrant dans le cadre d'autres critères qu'il sait trouver chez son fournisseur.
Quand l'objection à propos du prix est fondée, c'est que le client a peut-être procédé à des comparaisons avec la concurrence. Il s'agit alors de vérifier qu'il s'agit bien exactement du même produit.

**Exemple**

Le client : « J'ai vu la même chaîne hi-fi beaucoup moins chère chez X ! »

Le vendeur : « N'y avait-il vraiment pas la moindre différence ? Je suis très curieux de le savoir car cela me surprend beaucoup ! »

Le client peut très bien être de bonne ou de mauvaise foi, il est toujours possible de lui demander quelques détails pour vérifier ses dires tout en restant très courtois.

Quand l'objection du prix est fondée, cela peut aussi signifier que le client n'est pas disposé à investir la somme qu'annonce le vendeur soit qu'il n'en dispose pas soit qu'il ne veuille pas en disposer.

### Exemple

Le client : « Cette maison est beaucoup trop chère pour moi ! »

Le vendeur : « Il s'agit en effet d'un investissement important et vous avez tout à fait raison de le faire remarquer. Je pense cependant que vous avez prévu un budget pour cet achat, et j'aimerais en parler avec vous ».

Face à une telle objection, le vendeur doit cerner le contexte, d'une part connaître le budget que le client veut consacrer à cet achat, d'autre part savoir comment ce budget s'établit dans le temps. Le client souhaite probablement étudier des conditions de paiement qui, bien échelonnées dans le temps correspondent à ses possibilités.

Les objections à propos du prix ne sont réellement fondées que si celui-ci se prête à discussion pour une raison ou pour une autre. De plus, les clients de type marchand ont certainement plus tendance que les autres à objecter à propos du prix. Sans entrer dans les détails, le vendeur sait s'il doit ou non s'engager à ses risques et périls dans un processus de « marchandage ».

Quand l'objection à propos du prix trop élevé n'est pas justifiée, elle sert de façade à un objectif caché. Le vendeur doit alors choisir sa réponse en fonction du contexte.

### Exemple

Le client : « Je trouve que cette voiture est beaucoup trop chère pour ce qu'elle est ! »

Le vendeur : « Si vous trouvez une voiture qui offre toutes les qualités de celle-ci et qui soit moins chère, n'hésitez pas un instant à l'acheter ».

Selon le ton qu'emploie le vendeur cette réponse sera comprise différemment, et le client s'y retrouvera facilement !

## B – LA « COULEUR »

Sous ce titre nous rassemblons les objections que le vendeur suggère au client.

**Exemple**

Le client : « Je voudrais voir un pull... »
Le vendeur : « De quelle couleur ? »
Le client : « hum... montrez-moi ce que vous avez ».
Un peu plus tard
Le client : « Oui, celui-ci n'est pas mal mais je n'aime pas la couleur ! »
Faire passer la couleur avant la fonction c'est fournir au client une excellente opportunité d'objecter. Quand un client demande un produit, le vendeur doit avant toute chose chercher à savoir ce qu'il en attend, ce qu'il veut en faire, bref, connaître précisément l'objectif du client.
Beaucoup d'objections disparaissent quand le vendeur a fait son travail de recueil d'informations parce qu'une objection est toujours un commentaire à propos de celui-ci. Nous renvoyons le lecteur au chapitre 3, pour ce qui concerne les étapes de recueil d'informations.

## C – « JE DOIS EN PARLER AVEC MON CHIEN »

Un autre type d'objection assez semblable au précédent de par sa motivation surgit quand le client dit devoir en référer à un tiers.

**Exemple**

Le client : « J'aime bien cette robe, mais avant de l'acheter je dois en parler avec mon mari ».
Le vendeur : « Naturellement, si vous voulez passer ensemble je peux vous la mettre de côté jusqu'à demain ».
Parfois l'objection est fondée. Quand elle ne l'est pas c'est qu'il y a une disproportion entre l'importance de l'achat et le fait d'en référer à une tierce personne. En tant que client, demandez-vous son avis à votre compagne avant d'acheter votre pain quotidien ? En revanche, un achat qui concerne réellement plusieurs personnes, chien compris, doit être pensé et décidé avec toutes les personnes concernées.
Quand on vend à une société, il s'agit de vendre le produit à plusieurs personnes de cette même organisation qui sont toutes à des niveaux différents concernées par l'achat. Dans ce type de situation, il est bien entendu indispensable de vendre le produit à toutes les personnes impliquées.

## D – LA CONCURRENCE

Parmi les objections les plus fréquentes, l'évocation de la concurrence tient une place prépondérante.

**Exemple**

Le client : « Je me suis équipé chez Y pour la climatisation de mes bureaux ».

Le vendeur : « Et vous n'avez pas eu d'ennuis ? J'en suis surpris car je récupère en ce moment la plupart de leurs clients ».

De façon caractéristique, le vendeur inexpérimenté a tendance à critiquer ses concurrents. C'est ce qu'il peut faire de pire car, en procédant ainsi, il ne remet pas seulement en cause son concurrent mais critique indirectement son client qui aurait, selon lui, fait un mauvais choix.

Quand le client évoque la concurrence, il cherche, inconsciemment ou non, à être approuvé. Le client s'identifie plus ou moins aux produits qu'il achète. S'il croit avoir fait un bon choix, il n'a aucune envie d'être remis en cause ou critiqué. Quand donc le client évoque la concurrence, le vendeur cherchera donc plutôt à valoriser son client.

**Exemple**

Le client : « J'ai déja suivi un stage d'informatique chez X ».

Le vendeur : « Vous avez fait un choix sérieux en vous adressant à eux, ce que nous vous proposons aujourd'hui complète et enrichit vos acquis dans ce domaine ».

Le vendeur porte un jugement de valeur positif sur le choix du client, pas sur le concurrent, puis se propose ensuite d'expliquer au client en quoi son produit est différent et ce qu'il apporte en plus.

## 4 – Les techniques PNL spécifiques

Pour traiter les objections, nous partons en principe de la certitude qu'elles sont fondées et agissons en deux temps. Dans un premier temps, nous acceptons l'objection et dans un second nous y apportons une réponse. Ceci n'est pas spécifique à la PNL, beaucoup d'ouvrages sur la vente conseillent la même approche et la qualifient de « judo mental » ou de « méthode judo » parce qu'elle utilise comme cet art martial la force même du partenaire pour le faire tomber.

Comme en PNL nous ne comparons pas la vente à un combat entre le vendeur et client, nous ne cherchons donc pas à mettre ce dernier en échec en faisant tomber ses objections. En revanche, nous nous appliquons à trouver des solutions créatives lorsqu'il émet de telles remarques.

Ce que la PNL apporte de particulier c'est donc la façon de répondre à l'objection, pour cela elle a développé plusieurs modèles dont les principaux sont les techniques du menu d'influence et le recadrage.

Dans nos précédents ouvrages nous avons longuement décrit les techniques du menu d'influence aussi n'allons nous pas les reprendre, à l'exception de deux d'entre elles qui consistent à élargir ou à rétrécir le débat.

## A – ELARGIR OU RETRECIR LE DEBAT

### Exemple

Le client : « Je préférerais un modèle moins cher, plus petit, après tout ce n'est qu'un réfrigérateur et ma cuisine n'est pas un magasin d'exposition ! »

Le vendeur : « C'est tout a fait juste, mais avant de voir les petits modèles, avez-vous pensé que chaque fois que vous aurez besoin de prendre quelque chose dans votre réfrigérateur vous devrez vous baisser, vous pencher pour chercher ce que vous voulez qui, comme par hasard, se cache dans le fond ! Pourquoi devriez-vous payer cette différence de prix de tant d'inconfort ? »

Ici, le vendeur répond à la question-objection du client en approuvant ce qu'il vient de dire afin de bien montrer qu'il est conscient de l'opinion de celui-ci. Dans un second temps il rétrécit le débat en allant dans les détails de l'utilisation du produit. Il utilise des généralisations (chaque fois), construit des obligations (vous devrez), et montre dans la dernière phrase comment une petite économie d'argent se transforme en un désagrément quotidien.

### Exemple

Le client : « J'hésite à prendre ce livre parce que je crains que dans quelques années il ne soit plus vraiment une source d'informations pour mes enfants ».

Le vendeur : « C'est vrai que les livres de vulgarisation scientifique et sur l'astronomie en particulier ne peuvent apporter d'informations définitives dans un domaine en continuelle évolution. Cependant, un livre est toujours témoin de son temps, et à ce titre il a sa place dans une bonne bibliothèque, d'autre part, si les théories évoluent, les images elles, demeurent ; les clichés des planètes que vous trouvez dans ce livre seront toujours d'actualité ».

Cette fois, le vendeur après avoir accepté l'objection lui apporte un éclairage différent d'abord en élargissant le débat — il redéfinit le rôle du livre en général —, puis il retourne à nouveau vers le cas particulier du livre de vulgarisation scientifique pour segmenter l'objection — certains points théoriques seront probablement dépassés mais l'objet de l'étude (les clichés, les images) ne varie pas.

Quand on élargit le débat, on place le sujet de l'objection dans un cadre plus vaste, on se situe au niveau des généralités à propos desquelles on peut facilement se mettre d'accord. Quand on rétrécit le débat, on étudie cette fois les détails qui composent l'objection mais que le client n'envisage pas : en procédant ainsi on apporte une solution créative pour autant que l'on soit de bonne foi et que l'on aille dans le sens de l'objectif du client.

## B – LE RECADRAGE

Le recadrage d'une objection c'est sa transformation. On part du principe qu'en toute situation apparemment négative il est possible de dégager des aspects positifs, en conséquence l'objection n'échappe pas à cette règle.

### Exemple

Le client : « J'achèterais bien cette valise car elle me convient au point de vue taille mais, elle me paraît bien fragile et légère pour voyager en avion ».
Le vendeur : « Vous connaissez certainement l'histoire du chêne et du roseau ? Les nouvelles valises pour l'avion plient mais ne cassent pas, c'est précisément leur souplesse qui fait leur robustesse, le cadre est fait pour absorber les chocs, les doubles fermetures à glissière s'adaptent aux déformations du cadre ».
Le vendeur utilise précisément l'objection du client comme argument pour son produit, il se sert d'une métaphore très connue, une généralité sur laquelle chacun s'accorde puis, pour prouver ses dires, revient sur les détails techniques.
Parfois, le recadrage se dispense d'explications, cela dépend aussi de la façon dont le client et le vendeur se comprennent et de la qualité du climat de confiance entre eux.

### Exemple

Le client : « Je n'arrive pas à choisir entre la rouge et la bleue ! »
Le vendeur : « Au prix de ces écharpes, prenez donc les deux ! »
Ce type de recadrage est très connu mais souvent oublié, quand le client hésite c'est que parfois il voudrait posséder les deux produits et imagine l'usage qu'il pourrait en faire, il a juste besoin alors qu'on l'encourage un peu dans ce choix.
Recadrer, c'est donner à un problème un nouvel éclairage, et aussi en faire ressortir les aspects positifs. Dans la vie quotidienne, cette aptitude à mettre en évidence les aspects positifs d'une situation s'appelle l'optimisme.

**Exemple**

— « Quel temps affreux, je déteste la pluie ! »
— « Ce n'est pas très agréable en effet, mais je trouve mon parapluie tellement joli... quand il pleut, cela me donne l'occasion de m'en servir ! »

## 5 – Conclure la vente

### A – QUAND CONCLURE ?

Quand le client émet des objections, cela signifie qu'il s'intéresse au produit, dans le cas contraire, il ne dirait rien. Aussi, lorsque le vendeur lui a apporté les informations qu'il demandait, dans la majorité des cas le client conclut lui-même la vente.

Les objections indiquent la plupart du temps que la conclusion est imminente car en procédant ainsi le client exprime son opinion et ses critères les plus importants qui, s'ils trouvent satisfaction le conduisent automatiquement vers la sortie de sa stratégie de prise de décision d'achat.

Cependant, il n'y a pas de règle concernant le bon moment pour conclure : parfois cela va très vite et parfois le vendeur a l'impression que les choses traînent en longueur. Tout dépend de la façon dont le client prend ses décisions, et, il est évident que si le vendeur est parvenu à détecter les étapes de sa stratégie de prise de décision d'achat il pourra faciliter cette dernière et amener le client à conclure rapidement.

Le facteur temps intervient dans la stratégie au niveau de la croyance que le client développe à son propos. Si le client croit que les bonnes décisions doivent s'inscrire dans un laps de temps assez long, il ne peut pas se satisfaire d'un choix qu'il aurait effectué rapidement. D'autres clients en revanche croient que les meilleures décisions sont celles qu'ils prennent très vite, ces derniers sont souvent des clients intuitifs de type « guerrier » qui ont tendance à se fier à leurs impressions kinesthésiques ou ce qu'ils appellent leur instinct.

Beaucoup de gens ont l'impression de prendre très rapidement leurs décisions alors qu'en fait ils ne considèrent que le moment où ils les prennent comme si celui-ci était séparé de la réflexion qui le précède.

En termes PNL, il s'agit du point-clé de la stratégie de prise de décision : après avoir satisfait un certain nombre de critères, la personne arrive à un point où les informations qu'elle a prises en compte dans sa réflexion sont suffisantes pour lui permettre de se décider.

Nous avons certainement tous dans nos relations quelqu'un qui, avant de se décider à choisir un plat sur le menu doit lire celui-ci de la première à la dernière ligne. Ce type de personnage s'inscrit souvent dans la catégorie des scribes, il lui faut un maximum d'informations pour prendre une décision même s'il celle-ci ne revêt que peu d'importance. Si nous posons à cette personne la question suivante : « Qu'est-ce qui vous ferait plaisir pour déjeuner ? » il y a de fortes chances pour que sa première réponse soit « je ne sais pas » tant qu'elle n'a pas lu la liste entière. En posant cette question nous interrompons sa réflexion et nous ne faisons que retarder le moment de la conclusion.

Sur le plan anecdotique, la manière dont les gens choisissent leur déjeuner sur le menu est assez distrayante, avec un peu d'entraînement on reconnaît facilement nos quatre catégories de clients. Le client de type *guerrier* se décide rapidement car il accorde assez d'attention à ses sensations pour savoir ce dont il a envie, celui de type *berger* a pratiquement toujours besoin de savoir ce que prennent ses voisins avant de faire son propre choix, ou bien s'il est seul il demande son avis au serveur, le client de type *scribe* lit entièrement le menu, quant au *marchand* il cherche selon lui le meilleur rapport qualité/prix !

Quel que soit le type de client auquel le vendeur a affaire, il doit respecter la façon dont celui-ci prend ses décisions même si elle est différente de sa propre méthode, la souplesse comportementale est d'une grande importance au moment de conclure. Avec les clients de type guerrier on peut être très direct car ils apprécient davantage l'action que les explications, avec les bergers il est souhaitable de montrer des exemples de clients satisfaits, avec les scribes mieux vaut ne pas épargner les informations pertinentes avec l'objectif et avec les marchands leur expliquer comment leur intérêt va dans le sens du vôtre.

## B – LES CONCLUSIONS INTERMEDIAIRES

Quand les différentes phases de la vente ont été effectuées positivement, c'est-à-dire quand le vendeur a su établir des conclusions intermédiaires en vérifiant que ces arguments étaient bien perçus et allaient dans le sens de l'objectif du client, celui-ci a tendance à conclure lui-même l'entretien . C'est ce qu'attendent généralement les vendeurs qui redoutent d'avoir à précipiter les choses en posant une question précise à laquelle le client pourrait très bien répondre par la négative. En effet, quand le vendeur oublie de vérifier qu'il se situe toujours bien dans l'objectif du client, il perd le contact avec lui et peut à juste titre redouter un refus.

Les vendeurs qui connaissent ce type de difficultés ont en commun un manque de sens de l'observation car ceux qui « calibrent » les réactions de leurs clients comme nous l'enseignons au cours des stages de PNL savent très bien s'il y a lieu ou non de chercher à conclure.

Etablir des conclusions intermédiaires, c'est placer des étapes dans le processus en résumant ce qui vient d'être décidé.

## Exemple

Le vendeur : « Bien, vous préférez vous orienter vers un logiciel de micro-édition plutôt que vers un traitement de texte plus sophistiqué car celui que vous possédez vous donne entièrement satisfaction pour l'instant ».

Le client : « Oui, c'est bien cela ».

En procédant ainsi, le vendeur réoriente l'objectif en le précisant, il montre ainsi au client qu'il est hautement conscient du souci de satisfaire ses besoins au lieu de chercher à faire sa vente sans en tenir compte.

Quand le client reste silencieux, le vendeur inexpérimenté tend à meubler ce silence en accumulant des arguments qui sortent bien souvent du cadre d'intérêt du client, c'est pourquoi, il est important de procéder à des conclusions intermédiaires de façon à rester en contact étroit avec l'objectif du client.

## C – LA CONCLUSION CONDITIONNELLE OU LA QUESTION DE CONFIANCE

### Exemple

Le vendeur : « Si je vous apporte la preuve que mon produit répond parfaitement à vos attentes serez-vous disposé à l'acquérir ? »

Le client : « En principe oui, mais je veux être sûr de réaliser de sérieuses économies en le choisissant ».

Le vendeur observe que son client est intéressé, pour gagner du temps et clarifier la situation, il établit une conclusion sous condition en posant une question directe au client. Cette question est destinée à faire apparaître le critère majeur du client, celui qui doit obligatoirement être satisfait pour que la stratégie de prise de décision d'achat aboutisse.

De plus, en présentant la question sous la forme que nous avons indiquée dans l'exemple, elle comporte une commande imbriquée (voir le Milton Model) qui induit inconsciemment le client vers la décision d'achat.

Bien entendu, la technique de langage n'est d'aucune utilité si le vendeur tente de vendre un produit qui ne correspond pas aux attentes du client.

## D – DETECTER LES BLOCAGES DU VENDEUR VIS-A-VIS DE LA CONCLUSION

Bien souvent, ce qui empêche le vendeur de conclure ce n'est pas l'attitude du client, mais ses propres réticences. Nous rassemblons ici les principales sources de blocage qui freinent le vendeur dans sa conclusion. Dans la situation où le vendeur sent qu'il perd contact avec le client et cherche à meubler un silence gêné avec des arguments jetés pêle-mêle, il est évident qu'il développe d'importantes réticences vis-à-vis de la conclusion.

### LA CRAINTE DE BRUSQUER LE CLIENT

**Exemple**

Le vendeur : « Bon, alors je vous fait un paquet-cadeau ? »
Le client : « Un instant, je ne vous ai pas dit que je le prenais ! »
Quand le vendeur a l'impression qu'il a fait son travail et qu'en dépit de cela le client ne se décide pas à dire qu'il achète, il ressent généralement un certain malaise et cela crée un terrain propice aux maladresses telle que celle de l'exemple ci-dessus.
Nous savons qu'il est fort désagréable de se faire comme on dit « forcer la main », et, partant de cette constatation, nous souhaitons fort justement éviter d'infliger cela à nos clients. Cette crainte de brusquer le client tend à empêcher toute action de la part du vendeur. La même sorte de crainte retient aussi le vendeur d'accueillir le client de peur de lui donner l'impression de lui « sauter dessus ».
Cependant, il existe un moyen très simple de préparer la conclusion : poser une question qui amène le client à s'exprimer.

**Exemple**

Le vendeur : « Je vous vois en train de réfléchir, puis-je vous apporter quelques précisions ? »
Quand il s'agit de conclure, mieux vaut se servir du verbe *réfléchir* plutôt *qu'hésiter,* parce que ce dernier ramènerait le client en arrière dans le processus de prise de décision. Le client peut très bien réfléchir à propos d'un délai de livraison ou d'un échelonnement du paiement.

### LA FIN SUBJECTIVE DE LA VENTE

Dans cette catégorie de blocage, nous plaçons les conclusions hâtives qu'effectue le vendeur lorsqu'il croit que la vente est terminée alors que le client a une autre demande.

**Exemple**

Le vendeur : « Préférez-vous emporter tout de suite votre machine à coudre ou bien voulez-vous qu'on vous la livre ! »

Le client : « Hum... C'est qu'il me faudrait aussi quelque chose pour la poser, j'avais pensé à un meuble spécial mais je ne sais pas si vous en avez... »

Ici, le vendeur utilise la technique de l'alternative illusoire que nous avons présentée dans le Milton Model pour obtenir une réponse de conclusion. Cette technique peut être tout à fait appropriée à la situation, cependant, l'erreur réside dans le fait que le vendeur n'a pas eu connaissance du contexte d'utilisation du produit.

Ici se pose la question de l'achat complémentaire. Quand le client achète un produit, le vendeur doit essayer de savoir comment celui-ci sera utilisé de manière à proposer le ou les produits accessoires qui en faciliteront ou complèteront le fonctionnement. Il s'avère souvent utile de conseiller sur ce plan le client généralement sensible à l'intérêt que le vendeur lui manifeste ainsi, et pour autant que cela soit fait avec discernement, c'est encore un moyen de personnaliser la relation et de renforcer la confiance.

Les questions que le vendeur doit se poser au moment de conclure pourraient être résumées ainsi :

— Qu'est-ce qui m'autorise à penser que ma vente est terminée ?

— Ai-je envisagé tous les aspects de la demande ?

Certains vendeurs pensent quelquefois avoir terminé leur vente lorsque celle-ci a atteint un certain chiffre, ce dernier correspond souvent à leurs propres critères de prix. Pour mieux comprendre cette limitation, le vendeur doit essayer de répondre à ces questions :

— Quel prix me semble-il raisonnable pour tel achat ?

— A partir de quel chiffre ai-je la sensation d'avoir terminé la vente ?

Il est très important d'être conscient de ces données car elles influencent inconsciemment le vendeur au moment de conclure, le conduisant à hâter le processus sans avoir auparavant étudié tous les besoins du client. En tant que clients, nous sommes parfois amenés à effectuer des dépenses importantes et assez exceptionnelles pour une circonstance exceptionnelle. Par définition, cela ne se reproduit pas souvent, mais nous apprécions alors de trouver en face de nous un vendeur qui le comprenne.

**6 – Quels états intérieurs voulons nous induire chez le client et comment y arriver ?**

## A – L'ACQUIESCEMENT (CONFIANCE, SENTIMENT DE SÉCURITÉ, SATISFACTION)

Pour effectuer un choix, prendre une décision le client doit avoir plus de certitudes que de doutes, et la somme de ces certitudes provient du travail que le vendeur a réalisé au cours de l'entretien en cernant l'objectif du client et en répondant à ses attentes. Si des doutes trop importants demeurent dans l'esprit du client, la conclusion ne peut se faire dans de bonnes conditions. Le client qui achète à contre-cœur développe inconsciemment un certain degré d'opposition envers la personne qui l'a influencé et, s'il n'est pas satisfait de son achat, il ne s'en prendra pas à lui-même mais au vendeur qu'il rendra seul responsable du choix qu'il a fait.

## B – ETABLIR UNE RELATION DE CAUSE A EFFET ENTRE LE PASSE ET LE FUTUR

Au moment de la conclusion, le travail du vendeur consiste surtout à renforcer dans le sens de la sécurité le climat de confiance qu'il a su installer au cours de l'entretien. Si nous nous posons la question de savoir ce qui nous met en confiance au moment de prendre une décision d'achat nous trouvons généralement des réponses qui font état d'une relation de cause à effet entre le passé et le futur que l'on peut formuler ainsi : ce qui s'est passé jusqu'à maintenant me rassure quant à l'avenir.

Le client fait preuve d'assurance grâce à son expérience antérieure, s'il connaît déjà le vendeur, le produit, la marque, la société et qu'il a déjà été satisfait de son choix. Cela contribue souvent à créer le climat de confiance nécessaire quand il renouvelle ou complète ses achats.

Tenant compte de ce phénomène, le vendeur qui rencontre son client pour la première fois doit fonder sa stratégie de mise en confiance sur des éléments faisant partie d'une expérience passée positive de son client. Ceci renforce le fait que l'on doive éviter de critiquer la concurrence au cours de l'entretien. Même si le client en prend l'initiative, mieux vaut garder une certaine réserve sous peine de se faire amalgamer à l'expérience négative qu'il évoque.

Ce qui caractérise le passé, c'est que par définition il est impossible de le changer. On n'en change que l'interprétation en tirant les éléments positifs d'une expérience désagréable, mais cette expérience en elle-même n'a pas changé. Les éléments positifs du passé doivent donc servir de point de départ à une relation de cause à effet avec le futur.

Notons qu'à dessein, nous ne donnons pas d'indication précise de durée de temps pour le passé, il peut être très proche (la semaine précédente, hier, le début de l'entretien) ou un peu plus lointain sans que cela n'affecte la démarche. Quant au futur, au moment où le vendeur conclut, il se situe dès que le client a pris possession de son achat.

Le contexte de la conclusion étant bien déterminé, nous allons montrer comment utiliser la technique PNL des ancrages pour induire l'état de confiance nécessaire à cette phase.

Rappelons qu'un ancrage est une information sensorielle qu'on associe à un état intérieur. Pour activer l'ancrage, il suffit de renouveler l'information comme nous l'avons montré au chapitre 5. Depuis le début de l'entretien, le vendeur a observé le comportement de son client, avec un peu d'habitude il sait reconnaître et calibrer les signes qui manifestent les différents états intérieurs que ressent ce dernier. Les vendeurs expérimentés utilisent souvent des ancrages en ramenant leur client vers le dernier état positif qu'ils ont pu observer. Pour y arriver, ils se contentent d'évoquer ce qu'a dit le client.

**Exemple**

Le vendeur : « Vous vous êtes adressé à notre société car, pour vous comme pour nous, le contrôle de la qualité de nos produits tient la place essentielle ».
Le client : « En effet, je veux être certain que les articles ne me seront pas retournés à cause d'un défaut qui serait passé inaperçu, cela peut toujours arriver, mais plus le contrôle est sérieux et moins cela est possible ! »
En reprenant l'idée qu'exprime le client, le vendeur active un ancrage qui le ramène vers un état positif : l'acquiescement.

## C – UTILISER LES ANCRAGES

Quand le client est d'accord avec ce qui vient d'être dit, il éprouve à la fois confiance et satisfaction, les deux composantes de l'état d'acquiescement. Etre d'accord avec quelqu'un signifie partager une idée ce qui implique une relation de confiance et d'estime : on ne peut généralement pas partager une idée avec quelqu'un sur qui on porte un jugement négatif. De plus, il est toujours plus confortable de sentir son avis partagé. Pour faire référence aux distinctions des métaprogrammes présentées dans *Maîtriser l'art de la PNL,* l'état d'acquiescement correspond à une réponse dite *en accord* alors que le doute ou l'hésitation font alterner accord et désaccord provoquant ainsi un malaise. Pour induire l'état d'acquiescemment, le vendeur utilise donc les éléments positifs du passé, soit en les évoquant comme nous l'avons montré dans l'exemple, soit en activant l'ancrage de façon inaperçue du client.
Si par exemple, chaque fois que le client a manifesté un état d'acquiescemment le vendeur a utilisé sa voix un peu différemment en ralentissant son rythme ou en prenant un ton légèrement plus grave, il lui suffit de reprendre ce ton particulier pour susciter chez son client l'état qu'il a ancré de la sorte.
On peut aussi utiliser des ancrages visuels, par exemple en modifiant sa posture ou en changeant légèrement de place chaque fois que le

client manifeste son acquiescemment, comme pour les ancrages auditifs, il suffit ensuite de reprendre la position pour induire l'état que l'on a ainsi ancré.

Y arriver demande un peu d'habitude, car il faut observer attentivement le comportement du client et bien se rappeler de l'ancrage que l'on a placé. En effet l'efficacité de celui-ci dépend de l'exactitude avec laquelle il est reproduit. C'est pourquoi cette technique doit d'abord être travaillée dans le cadre d'exercices au cours de stages. Le vendeur pourra déterminer précisément avec quelles modalités d'ancrage il se sent le plus à son aise car ce sont elles qui, dans la pratique, lui donneront entièrement satisfaction.

Au cours des stages de formation en PNL, nous essayons de permettre à chaque participant de découvrir et pratiquer les techniques qui lui paraissent les plus naturelles et lui conviennent le mieux. Il ne s'agit nullement de donner des modèles de comportement mais plutôt d'aider chacun à pouvoir exprimer sa propre personnalité à travers l'usage de la méthode.

Ainsi, selon les utilisateurs, certaines formes d'ancrages paraissent plus aisées que d'autres. Il faut pourtant savoir en utiliser plusieurs sortes dans la vente car les clients ne sont pas tous sensibles aux mêmes.

## 7 – L'engagement personnel, base de la fidélisation des clients

Tout le travail effectué au cours de la vente doit servir de base à une transaction future. La fidélisation du client passe par sa satisfaction immédiate et à plus long terme. Pour y arriver, outre la démarche fondée sur la confiance, existe une technique d'une grande fiabilité. Cependant, avant de la présenter, nous voulons attirer l'attention du lecteur sur l'objet de la fidélisation.

En effet, en tant que vendeur, voulons-nous que le client soit fidèle à notre personne ou bien au produit que nous lui vendons ? Cette question revient souvent dans le cadre de la stratégie commerciale et on y donne les réponses en faveur soit du produit, soit du vendeur. Mais si nous appliquons à cette proposition nos techniques de recadrage de l'objection, nous pouvons apporter des réponses différentes et dans une autre perspective. En tant que clients, si nous sommes sensibles à la qualité de la relation avec le vendeur c'est en partie dû au fait que nous lui faisons confiance pour nous conseiller le produit qui convient exactement à nos besoins. A partir de là, nous comprenons que nous ne pouvons pas aussi facilement dissocier le vendeur du produit. Au début de cet ouvrage, nous avons longuement souligné que la compétence du vendeur au niveau de la connaissance du produit est indispensable pour assurer sa crédibilité face au client. Le vendeur compétent est capable d'informer valablement le client et de le conseiller. C'est la première base de la fidélisation.

### Exemple

Le client : « Vous m'assurez que je serai livré la semaine prochaine ? »
Le vendeur : « Certainement, d'ailleurs, je m'y engage personnellement et s'il y a un contre temps, vous voudrez bien m'en avertir au plus tôt. Vous demandez Gilles Lebrun, voici ma carte. »
Choisir de traiter ses clients comme des personnes et non comme des numéros implique de jouer aussi le rôle d'une personne et de prendre ses responsabilités. Un client qui achète dans une grande surface ne connaît généralement pas le nom du vendeur, il règle ses achats auprès d'une caissière, s'il veut être livré il s'adresse encore à une autre personne et s'il veut un crédit il a encore affaire à quelqu'un d'autre. On comprend aisément que dans ces conditions, le client ne s'y retrouve plus, ne sait plus qui est qui. C'est dans ce type de situation que l'engagement personnel prend une place décisive et sert d'argument majeur dans le processus de fidélisation.

Nous avons tous l'expérience de moments où on ne peut obtenir un dialogue avec le responsable. Aussi, conscients des désagréments que cela provoque, voulons-nous éviter ces situations à nos clients.

La technique de l'engagement personnel consiste donc à donner une assurance tangible au client en promettant de veiller personnellement à sa demande et en lui donnant ses coordonnées (si cela n'a pas été fait en début d'entretien).

Cette technique représente une carte maîtresse dans le processus de fidélisation car le client prend réellement conscience qu'une communication est établie. On passe d'une relation qui peut être comprise comme l'interaction de deux rôles — le vendeur et le client — à une communication entre deux personnes — Mr Untel, client et Mr Chose, vendeur.

Par la suite, si le client est satisfait de son achat, il reviendra nécessairement vers la personne compétente qui le lui a conseillé. En effet, le client préfère toujours s'adresser à quelqu'un qu'il connaît déjà plutôt que de s'engager dans une nouvelle situation parce que le processus de décision d'achat implique plus ou moins une déstabilisation : plus l'achat est important dans son cadre de référence et plus le client a besoin d'être rassuré. Dans ce type de situation, il est beaucoup plus confortable pour le client de connaître à l'avance le vendeur.

On doit cependant se souvenir que nous gardons aussi bien et parfois même mieux le souvenir d'expériences désagréables. Certaines personnes semblent même ne se souvenir que de leurs insatisfactions et cela joue aussi un rôle dans leurs choix.

Un autre point important consiste à donner au client une image stable de l'entreprise. En effet, l'engagement personnel du vendeur ne suffit pas toujours. Pour demeurer fidèle, le client a besoin d'assurance à propos de l'entreprise avec laquelle il traite. C'est à ce niveau que la dualité vendeur/produit que nous avons évoquée plus haut prend sa place. En effet, le client se fait une idée de l'entreprise à travers l'image qu'en donne son délégué : le vendeur.

Si le client apprécie la nouveauté, à savoir la façon dont les produits qu'il achète sont adaptés à des conditions d'utilisation fluctuantes (mode, technologie, conjoncture économique), il a bien souvent horreur du changement !

Le changement est dans l'esprit de nombreux client source d'insécurité. Devant toute situation nouvelle il existe un doute ou au moins un certain degré de méfiance. Or, pour le client, un changement de vendeur représente une situation nouvelle. Une entreprise qui déménage, qui change de nom, qui se restructure représente une situation nouvelle pouvant conduire le client à douter et à changer de fournisseur.

Conscient de cela, le vendeur doit donner en toutes circonstances une image stable de l'entreprise qu'il représente s'il veut garder ses clients fidèles. Le meilleur moyen est encore d'éviter d'entraîner le client sur des sujets ayant trait à la vie de l'entreprise qui, s'ils concernent le vendeur, ne concernent pas le client. Dans la mesure où le vendeur doit informer le client d'éventuels changements de l'entreprise, il est souhaitable de le faire en donnant toutes les précisions nécessaires afin d'éviter au client d'entrer dans un état de doute ou de méfiance.

En résumé, tant que le vendeur établit et maintient un solide climat de confiance dans sa relation avec le client, tant par ses qualités humaines que par sa compétence et sa connaissance du produit celui-ci demeure fidèle.

# Chapitre VII

# JEUX ET EXERCICES

Pour mieux se connaître, améliorer sa perception de l'autre et de soi, nous suggérons au lecteur d'effectuer les exercices et les jeux présentés dans ce dernier chapitre.

A la base de ces jeux, la constatation que les meilleurs vendeurs perçoivent avec plus d'acuité que les autres tout ce qui concerne leurs clients. L'intuition est essentiellement l'aptitude à utiliser de façon performante sa perception sensorielle car toutes les personnes que nous rencontrons dans notre activité se révèlent beaucoup plus que nous ne le croyons et qu'elles ne le pensent.

Ce qu'on peut prendre pour de simples détails sans importance apparaît dans le cadre d'une connaissance approfondie de la personne autant d'éléments d'information de la plus grande utilité. Mais il est vrai que pris séparément les détails ne son guère significatifs et surtout ne permettent pas à eux seuls de porter des jugements de valeur.

## Jeu N° 1 : Qu'observez-vous ?

Essayez de vous souvenir du dernier client que vous avez rencontré et comptez parmi les trente et un points de la liste ci-dessous ceux dont vous vous souvenez. Faites le total de vos réponses (comptez un point chaque fois que vous vous rappelez un détail, par exemple un point si vous vous souvenez que votre client portait ou ne portait pas de lunettes) et repportez-vous à l'analyse ci-après.

1 — La silhouette
2 — Les vêtements
3 — La couleur, l'état d'usure ou de propreté apparente des vêtements

4 — Les accessoires : chaussures, ceinture, foulard, cravate, etc.

5 — Le sac, l'attaché-case, le porte-document

6 — Les lunettes

7 — Le couvre-chef

8 — Les cheveux : couleur, longueur, coiffure, aspect

9 — La couleur des yeux

10 — Barbe, moustaches

11 — Avez-vous observé les clés d'accès visuelles ?

12 — Les traits du visage

13 — L'expression du visage

14 — Avez-vous observé le rythme de la respiration ?

15 — La posture

16 — Les gestes

17 — La distance entre vous et le client

18 — La place qu'il a choisie

19 — Avez-vous vu quelque chose qui a retenu votre attention ?

20 — Pourriez-vous vous souvenir instantanément de l'aspect de cette personne ?

21 — Le client parlait-il rapidement ou lentement ?

22 — La voix était-elle grave, médium ou aiguë ?

23 — Les phrases étaient-elles longues ou courtes ?

24 — Le débit de la parole était-il ample, facile, ou heurté ?

25 — Avez-vous remarqué des mots fréquemment répétés ?

26 — Avez-vous entendu quelque chose qui a retenu votre attention ?

27 — Pourriez-vous vous souvenir de cette personne au son de sa voix ?

28 — Si vous vous êtes serré la main avez-vous remarqué la chaleur, la moiteur, le tonus, la dureté ou la douceur de la peau ?

29 — Avez-vous remarqué une odeur ou reconnu un parfum ?

30 — Avez-vous remarqué une harmonie ou un désaccord entre le comportement non verbal et les mots ?

31 — Avez-vous ressenti quelque chose qui a retenu votre attention ?

Cette liste est bien sûr loin d'être exhaustive car certains détails, comme des tics ou des caractères physiques particuliers propres à un individu n'y apparaissent pas.

Nous avons soumis cette liste à des personnes dont le métier nécessite un sens aigu de l'observation : médecins et psychothérapeutes, ainsi qu'à d'autres personnes qui faisaient état d'un manque de cette qualité. Ceci nous a permis d'évaluer approximativement la signification du nombre de réponses.

**Si vous totalisez vingt réponses ou plus** vous pouvez vous considérer comme un très bon observateur. Cela ne veut pas dire pour autant que vous en soyez totalement conscient, les spécialistes auxquels nous avons proposé cette liste ont généralement témoigné qu'ils ont une perception globale des personnes qu'ils rencontrent sans entrer dans les détails. Il n'empêche que cette perception globale de l'individu provient de la combinaison de multiples détails observés. Au niveau conscient ne sont retenus que les détails qui émergent de l'ensemble pour une raison ou pour une autre.

Notre compétence inconsciente nous permet ainsi de traiter de façon automatique de nombreux éléments et laisse notre esprit conscient s'occuper du reste. Il en va de même pour une personne qui sait taper à la machine et n'a nul besoin de regarder les lettres du clavier puisque cette tâche est déléguée à sa compétence inconsciente tandis que son esprit conscient s'affaire à la compréhension du texte ou à sa vérification.

**En dessous de quinze réponses** vous pouvez vous servir de cette liste pour apprendre à mieux observer ceux que vous rencontrez. Avec un peu d'habitude, les différents points d'observation sont vérifiés automatiquement par la compétence inconsciente et ceci permet de considérablement développer l'intuition.

Pour varier l'exercice, vous pouvez appliquez cette liste à d'autres personnes en particulier à celles que vous avez l'habitude de côtoyer dans votre environnement professionnel, vous aurez certainement quelques surprises car l'habitude entraîne un relâchement de la vigilance et nous *oublions* souvent ce que nous croyons connaître le mieux.

## Jeu N° 2 : Quel vendeur êtes-vous ?

Ce jeu est destiné à vous permettre de reconnaître les grandes lignes de votre style de vendeur.

Pour chaque situation, il vous est demandé de classer les cinq options proposées dans l'ordre de votre préférence en leur attribuant une note de 1 à 5 : 5 points pour celle que vous utiliseriez dans votre pratique, jusqu'à 1 pour celle que vous n'utiliseriez rarement ou jamais.

CLASSER LES CINQ PHRASES D'ACCUEIL CI-DESSOUS

a — Que puis-je faire pour vous ?
b — Puis-je vous renseigner ?
c — Puis-je vous aider ?
d — Cherchez-vous quelque chose de particulier ?
e — Bonjour Monsieur (Madame)...

2) VOTRE CLIENT VOUDRAIT UN ARTICLE QUE VOUS NE POSSEDEZ PAS, CLASSEZ LES CINQ POSSIBILITES DE REPONSES.

a — Je n'ai pas cet article actuellement, mais, si vous le souhaitez je peux vous le commander et vous l'aurez demain.

b — Cet article est très demandé, je n'en ai eu que trois, mais je peux m'en procurer un auprès d'un autre dépositaire et vous le fournir dès demain après-midi.

c — Je n'ai pas cet article, mais, si cela vous rend service je peux aller chercher un à notre dépôt et vous l'apporter dès demain.

d — Cet article ne sera bientôt plus fabriqué, c'est pourquoi il est si difficile à trouver, il commence à être remplacé par ce modèle que vous voyez en vitrine.

e — Je peux vous fournir cet article dès demain, en attendant, j'aimerais vous montrer le modèle qui va le remplacer bientôt, ainsi vous pourrez comparer et prendre votre décision en toute connaissance.

3) VOUS RENCONTREZ UN CLIENT POUR LA PREMIERE FOIS, QUE REPRESENTE-T-IL POUR VOUS ?

a — Une conquête, une aventure.
b — De la nouveauté.
c — Une personne à découvrir.
d — De l'argent à gagner.
e — L'occasion d'enrichir votre expérience.

4) VOTRE CLIENT HESITE, QUE FAITES-VOUS ?

a — Vous lui présentez autre chose ou tentez un autre argument.
b — Vous lui demandez ce qui le fait hésiter.
c — Vous le laissez hésiter puis lui demandez son avis.
d — Vous argumentez à propos du prix ou des facilités de paiement.
e — Vous dites : « je vois que vous réfléchissez, puis-je vous apporter d'autres éléments ? »

5) SELON VOUS, UN BON VENDEUR C'EST CELUI QUI

a — Sait gérer les situations difficiles.
b — Sait s'informer sur ses clients.
c — Sait établir une relation solide avec les clients.
d — Fait le plus de ventes.
c — Sait prévoir.

6) UN CLIENT MECONTENT S'ADRESSE A VOUS :

a — Vous ne vous laissez pas marcher sur les pieds.
b — Vous cherchez à connaître les causes de son mécontentement.
c — Vous lui tenez des propos rassurants.
d — Vous lui dites qu'il sera remboursé si nécessaire.
e — Vous le laissez s'exprimer et lui proposez des solutions pour l'avenir.

7) VOUS VISITEZ VOS CLIENTS EN COMPAGNIE D'UN NOUVEAU VENDEUR QUI VA VOUS REMPLACER SUR VOTRE SECTEUR, COMMENT LE PRESENTEZ-VOUS ?

a — Je vous présente Monsieur Legrand qui viendra vous voir à ma place dès le mois prochain.

b — Je vous présente Monsieur Legrand qui est notre nouveau délégué sur le secteur et qui me remplacera désormais car je suis muté en région parisienne.

c — Monsieur Legrand m'accompagne aujourd'hui car c'est lui qui vous rendra visite la prochaine fois.

d — Voici Monsieur Legrand qui reprend mon secteur à partir du mois prochain.

e — Lors de mon dernier passage je vous avais dit que je serais bientôt remplacé et aujourd'hui, je vous présente mon successeur : Monsieur Legrand.

8) VOTRE CLIENT VOUS POSE DES QUESTIONS DETAILLEES A PROPOS DU PRODUIT :

a — Vous faites de votre mieux pour répondre à ces questions.

b — Vous êtes content d'avoir en face de vous une personne qui cherche à s'informer et vous lui donnez tous les détails.

c — Vous craignez que par cette attitude il ne vous mette en difficulté.

d — Vous vous demandez ce qu'il cherche vraiment en posant toutes ces questions.

e — Vous lui répondez en prouvant vos dires.

9) APRES AVOIR LONGUEMENT HESITE, VOTRE CLIENT VOUS DIT QU'IL A BESOIN DE REFLECHIR ET S'EN VA.

a — Vous vous demandez ce que vous avez fait ou n'avez pas fait qui explique son départ.

b — Vous vous dites qu'il doit lui manquer des informations et vous vous en voulez un peu de ne pas avoir deviné lesquelles.

c — Vous cherchez à comprendre l'attitude de votre client.

d — Vous pensez qu'en fait ce client n'a peut-être pas les moyens d'acheter le produit.

e — Vous pensez que votre client a probablement besoin de temps pour prendre ses décisions, l'avenir vous le confirmera peut-être.

10) VOUS VENEZ DE CONCLURE UNE VENTE APRES UNE LONGUE NEGOCIATION, VOUS PENSEZ QUE :

a — Vous avez fait du bon travail.

b — Vous avez appris beaucoup de choses.

c — Vous avez gagné la confiance de votre client et qu'il s'agit maintenant de lui donner de bonnes raisons de vous la conserver.

d — Vous allez avoir une importante commission sur ce marché et que vous espérez le renouveler.

e — Vous allez pouvoir renouveler plus facilement à présent ce type de transaction.

## RESULTATS

Ce jeu permet de situer votre style de vente selon les quatre catégories — *guerrier, berger, scribe et marchand* — que nous avons utilisées dans cet ouvrage pour caractériser des styles de comportements chez les clients.

Selon les situations décrites certaines réponses sont plus pertinentes que d'autres et chaque style présente ses avantages et ses inconvénients.

Quels que soient vos choix, il apparaît une catégorie de réponses que vous privilégiez, les choix *a* correspondent au type *guerrier*, les *b* au type *scribe*, les *c* au type *berger*, les *d* au type *marchand*, quant aux réponses *e*, elles appartiennent à l'une ou l'autre de ces catégories mais ce qui les caractérise c'est qu'elles contiennent toutes des éléments qui utilisent le *temps* (passé, présent ou futur).

### LE VENDEUR DE TYPE GUERRIER

Plus de trente points pour les réponses *a* :
Vous êtes un homme (une femme) d'action ce qui se traduit par une volonté de faire face aux événements et de les contrôler. Vous aimez les décisions rapides, le dynamisme, les situations claires qui vous permettent de savoir exactement quoi faire. Vous jugez vos partenaires sur ce qu'ils font, et non sur ce qu'ils sont, vous avez horreur de parler pour ne rien dire et bien entendu vous détestez l'inaction.

### LE VENDEUR DE TYPE SCRIBE

Plus de trente points pour les réponses *b*
Pour vous, ce qui compte avant tout dans vos relations avec vos clients c'est l'information qui s'échange. Pour être à votre aise vous avez plus que tout autre besoin de connaître parfaitement tout ce qui concerne vos produits, mais aussi d'accumuler de nombreux renseignements sur vos clients. Généralement, vous avez une excellente mémoire qui vous permet de tirer profit des informations que vous collectez. Vous jugez vos partenaires sur ce qu'ils savent ou ne savent pas et mesurez vos succès ou vos échecs avec le même critère.

### LE VENDEUR DE TYPE BERGER

**Plus de trente points pour les réponses** *c*
Dans votre métier, ce qui compte avant tout c'est la qualité des relations que vous savez établir avec vos clients. Vous faites preuve de grandes qualités d'écoute et de compréhension et vous aimez le contact avec les autres. Vous êtes très attentif et très sensible aux ambiances que vous rencontrez. Vous avez tendance à juger vos partenaires selon ce que vous éprouvez à leur égard ou ce qu'ils éprouvent vis-à-vis de vous. Vous évaluez vos performances en fonction de ce qu'elles modifient pour votre entourage.

### LE VENDEUR DE TYPE MARCHAND

**Plus de trente points pour les réponses** *d*
Votre critère le plus important se mesure en termes de gains ou de pertes sur un plan matériel, c'est ainsi que vous jugez vos actions et celles des autres. Vous êtes généralement une personne très organisée ce qui vous permet de gagner du temps. Vous êtes peu sensible à vos états d'âme et à ceux des autres, et c'est à ce niveau que vous pouvez rencontrer des difficultés. Vous êtes pragmatique, plein de bon sens et en toutes circonstances voulez des preuves tangibles de ce qu'on vous propose.

### LES REPONSES E : LE FACTEUR TEMPS

*— Plus de vingt cinq points*
Vous maîtrisez votre métier et vos principales qualités sont la flexibilité tant au niveau du comportement que des critères. Vous savez attendre le bon moment pour agir au lieu de vous précipiter sans réfléchir et c'est pourqoui vous remportez de nombreux succès.
*— moins de vingt cinq points*
Vous pouvez améliorer vos performances en faisant un effort d'observation et en prenant votre temps dans vos choix, ceci vous permettra de mieux accepter les différences de ceux que vous rencontrez et de mieux vous y adapter. Il est important pour vous et pour vos clients que vous actions soient clairement définies dans le temps.

## EN RESUME :

Nous avons tous un style particulier dans la vente, il importe beaucoup de le connaître parce qu'il n'est pas forcément adapté à toutes les situations que nous rencontrons. Ce jeu donne l'occasion de prendre conscience de certaines de nos attitudes, caractéristiques de notre style. Aucun style n'est meilleur que l'autre pourvu qu'il soit cohérent, c'est-à-dire que la personne soit en accord avec elle-même lorsqu'elle agit, le seul point qui nous paraît utile de travailler si on ne le possède pas, c'est de savoir situer son action dans le temps.

### Jeu N° 3 : croyances et idées toutes faites

Comme nous le montrons dans le second chapitre, la plupart des difficultés que nous rencontrons dans la vente provient de nos propres limites à la fois sur le plan comportemental quand nous manquons de souplesse et au niveau des critères quand nous portons des jugements hâtifs.

Voici une série de vingt affirmations, si vous êtes d'accord, comptez un point, si vous n'êtes pas d'accord ne comptez rien.

1 — Je suis capable de juger mes clients au premier coup d'œil.
2 — Un bon vendeur peut vendre n'importe quoi à n'importe qui.
3 — Pour influencer les clients il faut prendre le dessus sur eux.
4 — Il faut savoir dissimuler ce que l'on pense.
5 — Quand on arrive à faire rire un client, on est sûr de lui vendre.
6 — L'argument du prix est décisif.
7 — Il ne faut pas que le client puisse réfléchir pendant la vente.
8 — Certains produits son invendables à des personnes sensées.
9 — Les clients ne savent pas ce qu'ils veulent.
10 — Le client qui dit « je vais réfléchir » ne revient jamais.
11 — Quand un client fait des objections, il est souvent de mauvaise foi.
12 — Il n'y a que deux sortes de produits : ceux qui se vendent et les autres.
13 — Les clients changent souvent d'avis.
14 — La vente c'est comme un combat, il y a un gagnant et un perdant.
15 — Cela n'a aucune importance de faire attendre un client.
16 — Les clients n'attendent qu'une occasion pour mettre les vendeurs en difficulté.
17 — Il faut toujours essayer de se débarrasser des vieux articles auprès des clients qui n'y comprennent rien.
18 — Certains clients sont absolument épouvantables.
19 — Cela ne sert à rien de connaître les produits.
20 — On ne doit pas perdre de temps avec un client qui n'achète pas.

## RESULTATS

TOTAL EGAL OU INFERIEUR A 5 POINTS :

Vous êtes certainement un excellent vendeur car vous êtes ouvert et tolérant, vous considérez les clients comme des personnes et vous les respectez. Vos clients vous font confiance et sont fidèles car vous faites de votre mieux pour les satisfaire. Vous faites preuve d'assurance et de confiance en vous ce qui vour rend crédible.

TOTAL ENTRE 6 ET 12 POINTS

Vous êtes sur la bonne voie pour réussir dans la vente mais vous devez vous exercer à plus de souplesse et plus de tolérance vis-à-vis de vos clients.

TOTAL SUPERIEUR A 12 POINTS

Vous avez tendance à vivre vos relations avec les clients sur le mode d'un rapport de force ce qui traduit un certain degré de manque de confiance en vos qualités. Pour améliorer vos performances, vous devez vous exercer à oberver vos clients pour mieux les comprendre ce qui vous évitera de tomber dans le piège des idées reçues. S'il y a quelque chose à redouter ce sont précisément les opinions toutes faites et les recettes *infaillibles,* l'observation attentive en revanche vous permet toujours de trouver les arguments en accord avec les critères du client.

### Jeu N° 4 : Quels sont vos arguments préférés ?

Quand nous avons au chapitre 4 évoqué la question des critères, nous suggérions une classification en trois grandes catégories :
— identité ;
— relation ;
— pouvoir.
Ainsi, de la même façon que le client utilise la plupart du temps des critères identiques dans ses choix, les vendeurs se servent bien souvent des mêmes arguments quelle que soit la personne en face d'eux.
On peut aussi classer les arguments selon les mêmes catégories que les critères parce qu'ils sont issus de la subjectivité de celui qui les emploie de façon sélective. Le jeu suivant permet de reconnaître les arguments les plus souvent utilisés.

Choisissez après chaque question ou affirmation du client la réponse ou l'argument que vous utiliseriez puis reportez vous aux résultats.

1) JE VOUDRAIS PRENDRE DES VACANCES POUR ME REPOSER, JE POURRAIS PARTIR DANS QUINZE JOURS, QU'EST-CE QUE VOUS AVEZ A ME PROPOSER ?

a — Est-ce qu'un séjour avec un programme de remise en forme personnalisé vous plairait ?
b — Partez-vous seul ou à deux ?

c — Vous avez le choix entre plusieurs formules selon le style de vacances que vous voulez : séjour en club, en hôtel, avec ou sans circuit, avec ou sans programme de remise en forme.

2) JE VOUDRAIS FAIRE UN CADEAU A UNE AMIE, J'AI PENSE A UN STYLO, MONTREZ-MOI CE QUE VOUS AVEZ DE MIEUX :

a — J'ai reçu les nouveaux modèles de X, dans cette marque ce sont toujours des cadeaux très appréciés.
b — Savez-vous ce qui lui ferait plaisir ?
c — En choisissant un modèle d'une grande marque, vous êtes assuré du succès de votre cadeaux.

3) JE CHERCHE UN LIVRE DE CUISINE QUI DONNE DES RECETTES FACILES ET ORIGINALES POUR TOUS LES JOURS.

a — il vient de paraître un ouvrage sur la nouvelle cuisine, il se présente comme un classeur, chaque recette est expliquée avec tous les détails, j'en ai essayé personnellement plusieurs et le résultat est vraiment parfait.
b — Nous avons un livre qui explique des recettes très simples et rapides à réaliser, elle vous donneront surement des idées pour la cuisine quotidienne, vous allez faire plus d'un heureux !
c — Avec le nouveau livre de X, vous êtes certaine de réussir toutes les formules.

4) QU'EST-CE QUI JUSTIFIE LA DIFFERENCE DE PRIX ENTRE CES DEUX PLATINES LASER ?

a — La platine X est plus chère parce qu'elle offre des fonctions supplémentaires, c'est un modèle très nouveau sur le plan technique, il n'y a que X qui les fabrique à l'heure actuelle.
b — La platine Y est moins chère parce que c'est une marque peu connue du grand public et qu'elle possède moins de possibilités techniques. Nous en vendons cependant beaucoup.
c — La platine X est plus chère parce que c'est un appareil d'avant-garde que les connaisseurs apprécient.

5) JE CRAINS QUE CE SALON NE SOIT FRAGILE, JE LE PREFERERAIS DANS UNE COULEUR PLUS FONCEE.

a — Je comprends votre opinion, cela prouve que vous êtes une personne soigneuse : voyez-vous, le tissu a subi un traitement qui le rend imperméable c'est pourquoi le fabricant utilise des couleurs très claires. Cependant, on peut réaliser ce modèle dans d'autres couleurs.

b — C'est vrai qu'il ne faut pas êtres esclave de son salon, on est toujours à la merci d'un incident surtout avec de jeunes enfants, cependant, vous pouvez être tranquille avec ce tissu car il est traité anti-taches. Vous pouvez aussi choisir une autre couleur dans notre gamme.

c — Si vous pensez que votre salon sera soumis à un usage très intensif, vous avez certainement intérêt à choisir un modèle dans un tissu plus foncé et de qualité supérieure.

6) J'AI BESOIN TRES RAPIDEMENT DE POUVOIR ME DEBROUILLER EN ANGLAIS, QUE ME CONSEILLEZ-VOUS ?

a — Puisque vous avez déjà des bases scolaires, vous pourriez faire d'abord un stage intensif d'une semaine puis des cours espacés sur quelques mois. Ainsi, vous arriverez à un bon niveau de compétence.

b — Je vous conseille de choisir un stage dans le pays, avec les bases que vous possédez déjà, cela vous permettra de parler très rapidement avec des Anglais et vous fera progresser très vite car vous aurez en plus des cours théoriques.

c — Pour arriver à maîtriser rapidement l'anglais, vous pourriez commencer par un stage intensif. C'est moins cher et plus efficace que des cours pendant plusieurs mois. Pour maintenir votre niveau, vous aurez cependant besoin d'exercer vos acquisitions.

7) J'HESITE ENTRE LA ROBE ROUGE ET L'ENSEMBLE A RAYURES...

a — Les deux vous vont très bien, l'ensemble est cependant plus original.

b — Les deux vous vont très bien, mais personnellement je vous préfère dans la robe rouge.

c — Les deux vous vont bien, l'ensemble est un peu moins cher, vous pouvez aussi porter les deux pièces séparément.

8) JUSQU'A PRESENT, JE ME SUIS TOUJOURS OCCUPE MOI-MÊME DES RECRUTEMENTS, POURQUOI DEVRAIS-JE AUJOURD'HUI FAIRE APPEL A VOTRE CABINET ?

a — Faire appel à un cabinet de recrutement vous permet de consacrer plus de temps et de moyens au choix des nouveaux collaborateurs de l'entreprise. C'est assumer pleinement vos responsabilités de décideur.

b — Notre équipe est constituée de spécialistes, chaque candidat retenu a un entretien avec eux, nos évaluations sont donc très précises, ce qui nous permet de satisfaire nos clients en toute confiance.

c – A votre niveau de responsabilités, vous êtes conscient de l'intérêt qu'il y a à déléguer. Notre cabinet vous offre la possibilité de déléguer à des professionnels la première sélection de candidatures, bien entendu, la décision finale n'appartient qu'à vous.

### 9) DANS QUELLES CONDITIONS ME CONSENTEZ-VOUS UNE REMISE ?

a – Vous êtes le premier dans votre région à vous équiper chez nous, à ce titre, nous pouvons vous accorder une remise de 5 %.

b – Dans la mesure où vous nous permettez d'équiper un autre client, nous vous accorderons une remise de 5 % sur votre achat.

c – Si votre facture totale dépasse la somme de ....F, nous vous accordons automatiquement une remise de 5 %.

### 10) QU'EST-CE QUI ME GARANTIT QU'A L'ISSUE DU STAGE QUE VOUS ME PROPOSEZ, MES VENDEURS SERONT PLUS PERFORMANTS ?

a – Cette question traduit votre sens des responsabilités. Au cours de nos stages de formation, les participants progressent toujours car ils apprennent à mettre en pratique des techniques fiables qui ont toutes fait leurs preuves.

b – Si pour vous convaincre vous souhaitez en parler avec certains de nos clients, je peux vous mettre en contact avec eux.

c – Nos stages de formation pour les vendeurs leur apportent un plus au niveau des techniques et stimulent leur motivation. Cela se traduira par une augmentation de leur chiffre.

## RESULTAT

### UNE MAJORITE DE REPONSES A

Vos arguments sont en priorité orientés sur les critères d'identité du client. Vous vantez volontiers la nouveauté du produit, la qualité de la marque, le fait que vos produits s'adressent à des connaisseurs ou à des gens responsables. Vous cherchez à valoriser chez vos clients l'originalité, le goût, ou la réputation.

Vous argumentez aussi quelquefois en fonction de votre propre expérience et vantez les qualités d'un produit parce que vous l'avez essayé vous-même. Vous devez rester vigilant sur ce dernier point car vous risquez de penser à la place du client ce qui peut être un piège si vous ne possédez pas assez d'informations pour étayer votre prise de position.

### UNE MAJORITE DE REPONSES B

Vos arguments ciblent les critères de relation du client. Vous parlez volontiers de la mode, d'autres clients qui ont choisi le même produit.

Vous situez votre client dans un environnement familial ou dans celui d'un groupe. Vous insistez sur les aspects relationnels du produit. Vous chercher à valoriser chez votre client ses qualités d'altruisme, de contact humain et son sens des responsabilités par rapport aux personnes qui l'entourent.

Vous devez être prudent lorsque votre client évoque vos concurrents et prendre garde à répondre plus en termes de raison (attitude type *scribe)* qu'en termes de de sentiments (attitude type *berger).*

### UNE MAJORITE DE REPONSES C

Vos arguments vont dans le sens des critères de pouvoir de votre client. Vous pensez en termes d'intérêt, d'argent, de réussite sociale, d'indépendance, de possession et d'ambition. Ceci est en rapport avec une attitude type *marchand* et vous réussissez parfaitement bien avec les clients qui correspondent à ce type. Vous cherchez à mettre en avant les qualités de décideur de vos clients, vos arguments sont souvent des preuves tangibles et matérielles ce qui vous fait parfois un peu perdre de vue les autres aspects de ses critères. Pour vous, le meilleur argument c'est l'efficacité et vous le prouvez dans vos actes.

## EN RESUME :

A l'issue de ce jeu, vous avez découvert quels étaient vos arguments préférés, il s'agit maintenant de vous exercer à vous servir d'autres types d'arguments lorsque l'occasion s'en présente. Cela vous permettra d'augmenter votre souplesse au niveau de vos critères et ainsi de convaincre de nouveaux clients.

## Jeu N° 5 : Quel client êtes vous ?

Quand nous sommes au volant de notre voiture, nous trouvons que les piétons exagèrent, traversent n'importe où et font de multiples imprudences. Quand nous marchons, nous trouvons que les automobilistes ne prennent pas garde aux piétons, ne respectent pas les feux, et font de multiples imprudences. Quand nous sommes vendeurs, nous appliquons certaines idées reçues à propos des clients et quand nous sommes clients, nous faisons de même au sujet des vendeurs.

Ce jeu se compose de vingt affirmations, quand vous êtes d'accord avec l'une vous comptez un point, quand vous n'êtes pas d'accord vous ne comptez rien. Faites ensuite le total de vos points et reportez-vous à l'analyse des résultats.

1 — Les vendeurs cherchent souvent à vendre n'importe quoi.
2 — Les bons vendeurs sont ceux qui prennent le temps d'écouter.

3 - J'ai horreur d'entrer dans un magasin et qu'un(e) vendeur(e) me saute dessus en disant « Vous désirez ? »

4 — Les vendeurs cherchent toujours à vendre ce qu'ils ont de plus cher.

5 — Un bon vendeur est quelqu'un qui sait conseiller.

6 — Quand vous n'achetez pas, les vendeurs vous font la tête.

7 — Il y a des magasins où je n'entre même pas tant les vendeur(ses) sont désagréables.

8 — Quand je veux quelque chose de précis, je n'ai pas besoin d'un vendeur.

9 — Les vendeurs sont là pour me servir.

10 — J'ai horreur des vendeurs qui font un sourire commercial à tout le monde.

11 — Un bon vendeur doit toujours dire la vérité.

12 — Un bon vendeur doit toujours être aimable.

13 — Les vendeurs ne sont pas vraiment concernés par ce que disent les clients.

14 — Les vendeurs sont toujours pressés.

15 — Je ne fais jamais confiance aux vendeurs.

16 — Les vendeurs ne tiennent pas leurs promesses.

17 — Quand les vendeurs vous vantent une promotion, il faut toujours se méfier.

18 — Les vendeurs jugent les clients sur ce qu'ils dépensent.

19 — Les vendeurs ne tiennent généralement pas compte des besoins réels du client.

20 — Une fois que vous avez réglé vos achats, le vendeur est pressé de vous voir partir.

12 POINTS OU PLUS

Pour vous la vente est un combat, et en tant que client vous vous sentez souvent attaqué et vous avez tendance à être plus exigeant pour les autres que pour vous. Reprenez vos réponses en essayant de vous mettre à la place du vendeur et réfléchissez au bien fondé de ces affirmations.

DE 8 A 11 POINTS

Vous êtes en train de progresser vers plus de tolérance à l'égard des autres et plus de perspicacité envers vous-mêmes.

MOINS DE 8 POINTS

Vous êtes une personne ouverte et tolérante. Vous savez faire preuve de compréhension dans vos relations avec les autres. Pour vous la vente est un échange, et votre confiance en vous inspire confiance.

### Jeux N° 6, 7, 8 : apprendre à être authentique

Les vendeurs qui réussissent donnent à leurs clients l'impression qu'ils sont sincères et authentiques. C'est le meilleur moyen d'établir le climat de confiance propice à la vente et pour y arriver il s'agit de comprendre que la sincérité et l'authenticité tiennent au fait que tous les moyens d'expression de la personne sont en harmonie. Un vendeur authentiquement aimable a vraiment envie de l'être : ce qu'il exprime et ce qu'il ressent sont à ce moment parfaitement en accord. Lorsqu'il y a désaccord entre l'état intérieur et le comportement, on dit en termes PNL qu'il s'agit d'une incongruence (voir à ce propos les chapitres précédents et *Comprendre la PNL*).

Pour parvenir à harmoniser son comportement et son état intérieur, nous vous proposons une série de jeux d'observation et de pratique.

### Jeu N° 6 : observation et comparaison de la qualité de la voix et du comportement

Si vous pouvez capter une chaîne de télévision qui émet dans une langue que vous ne parlez pas, commencez par écouter attentivement sans regarder l'image.

Faites attention au rythme de la parole, au ton de la voix, à la hauteur du son, et, essayez d'imaginer le comportement qui va avec cette voix. Quand vous avez obtenu une image suffisamment claire, comparez là à celle de votre téléviseur.

Si vous ne pouvez procéder ainsi, essayez de faire de même avec des personnes dont vous ne comprenez pas la langue. Ecoutez les attentivement, représentez-vous mentalement leur comportement en fonction de ce que vous entendez, puis regardez les et comparez avec votre évaluation.

Le fait d'écouter parler les gens dont vous ne comprenez pas le langage évite d'être influencé par le sens des mots. C'est très important car, dans nos relations quotidiennes nous avons toujours tendance à privilégier le sens des mots par rapport à la manière dont il sont dits.

### Jeu N° 7 : observation et comparaison du comportement et de qualité de la voix.

Allumez votre téléviseur, sélectionnnez un programme dans une langue que vous comprenez rnais baissez le son de façon à ne rien entendre. Pendant quelques minutes, observez attentivement le comportement des personnes que vous voyez et essayez d'imaginer ce qu'elles peuvent dire mais surtout de quelle façon elles le disent.

Quand vous estimez que votre observation est assez complète, haussez le son et comparez ce que vous entendez avec votre évaluation.

Si vous voulez travailler ce jeu en conditions réelles, sélectionnez deux personnes en train de parler ensemble dans un café ou au restaurant. Placez-vous de façon à les voir sans les entendre, c'est-à-dire assez loin, et essayez d'imaginer en fonction de leur comportement ce qu'elles disent et comment elles le disent.

Pour ce jeu, le fait de comprendre le sens des mots n'a que peu d'importance car ce n'est pas ce que l'on oberve en premier.

### Jeu N° 8 : observation des accords et des asymétries

Il vous est peut-être arrivé de voir des montages photographiques réalisés en découpant un négatif représentant le portrait d'une personne puis en recomposant deux visages parfaitement symétriques fait de deux côtés droits et de deux côtés gauches. On ne reconnaît la personne ni sur l'un ni sur l'autre.

Nous ne sommes pas totalement symétriques dans les détails, c'est parfaitement banal, cependant, dans nos gestes, nos postures, notre expression du visage, nous accentuons parfois cette asymétrie réalisant ainsi un certain degré de désaccord entre nos différents moyens d'expression.

Nous voyons par exemple des gens qui ne sourient que d'un côté, signifiant par là que d'un côté elles ont envie de se réjouir et pas de l'autre.

Le but de ce jeu est de vous apprendre à observer les désaccords les plus fréquents qui traduisent généralement des comportements incongruents. De plus, les points que vous allez étudier s'ajouteront à ceux que vous notez déjà et vous permettront de développer considérablement votre sens de l'observation.

Pour réaliser ce jeu, choisissez une personne que vous allez observer puis, concentrez votre attention sur l'harmonie de des gestes en notant les points suivants :

— Les gestes de la main droite sont-ils en accord avec ceux de la main gauche ?

— Y a-t-il des gestes automatiques ? (jouer machinalement avec un objet, taper un rythme avec un pied ?...)

— S'il y a des gestes automatiques, leur rythme est-il ou non en accord avec le rythme de la parole ?

Si vous décidez de continuer avec la même personne, cette fois observez attentivement les points suivants :

— Le port de tête vous paraît-il en accord avec le ton ce la voix ?

— L'expression du visage vous paraît-elle en accord avec les gestes et avec le sens des mots ?

— Décelez-vous des expressions du visages carrément asymétriques ?
(sourire, clins d'œil...) ?

— La posture du haut du corps vous paraît-elle en accord avec celle
du bas du corps (par exemple : la personne peut se tenir très droite
au niveau des jambes et avoir le dos voûté).

Pour faciliter l'exercice, vous pouvez faire une liste des points que vous
décidez d'observer et inscrire en face vos observations, au bout de cinq
à six séances vous serez agréablement surpris de vos progrès.

En conclusion de ce chapitre nous souhaitons avoir *vendu* au lecteur
l'idée que l'observation attentive est la qualité qui fait la différence
entre les bons vendeurs et les autres. Le sens de l'observation passe
aussi par une auto-observation : en prenant conscience de nos habitudes, de nos comportements et de nos critères cela nous conduit tout
naturellement à nous intéresser à ceux des autres et à développer nos
qualités humaines.

# BIBLIOGRAPHIE

— **Richard Bandler et John Grinder** : *The Structure of Magic,* éditions Science and Behavior Books, Palo Alto, 1976. *Reframing Trance-formation : the Neuro-linguistic Programming,* éditions Real People Press, 1981.

— **Gregory Bateson** : *Vers une écologie de l'esprit,* éditions Le Seuil, 1977.

— **J.-L. Beauvais et R.-V. Joule** : *La psychologie de la soumission,* revue La Recherche, septembre 1988.

— **Marie-Madeleine Bernié et Arnaud d'Aboville** : *Les Tests de sélection en question,* les éditions d'Organisation, 1980.

— **Leslie Cameron-Bandler, David Gordon, Michael Lebeau** : *The Emprint Method, Know How,* éditions Future Pace Inc., San Rafael, 1985.

— **Leslie Cameron-Bandler et Michael Lebeau** : *The Emotional Hostage,* éditions Future Pace Inc., San Rafael, 1986.

— **Cathelat** : *Styles de vie, cartes et portraits,* éditions d'Organisation, 1985.

— **Milton Erickson** : *L'Hypnose thérapeutique,* éditions ESF, Paris, 1986.

— **Jay Haley** : *Milton Erickson, un thérapeute hors du commun,* éditions Desclées de Brouwer, Paris, 1984.

— **Edward T. Hall** : *Le Langage silencieux, La Dimension cachée, La Danse de la vie,* éditions Le Seuil.

— **E. Herrigel** : *Le Zen dans l'art chevaleresque du tir à l'arc,* éditions Dervy-Livres, 1970.

— **Genie Laborde** : *Influencing with Integrity,* éditions Science and Behavior Books et Syntony Inc., 1983.

— **H. Laborit** : *L'inhibition de l'action,* éditions Masson, 1981.

— **A. Meignat et J. Rayer** : *Saute Manager,* éditions d'Organisation.

— **Stanley Milgram** : *Soumission à l'autorité,* éditions Calmann-Lévy, 1974.

— **Moine et Herd** : *Persuader pour vendre,* éditions d'Organisation, 1987.

— **Frederick S. Perls** : *Ma gestalt-thérapie,* éditions Tchou, 1976.

— **Carl Rogers** : *Le Développement de la personne,* éditions Dunod, 1977.

— **Virginia Satir** : *People Making* éditions Science and Behavior Books, Palo Alto, 1972.

— **Daisetz T. Suzuki** : *Essais sur le bouddhisme zen,* éditions Albin Michel, 1972.

— **Jacques Teboul** : *L'Entretien d'évaluation,* éditions Dunod, 1986.

— **Paul Watzlawick, J. Beavin, D. Jackson** : *Une logique de la communication,* éditions Le Seuil, 1972.

— **Paul Watzlawick, John Weakland, Richard Fisch** : *Changements,* éditions Le Seuil, 1975.

— **Paul Watzlawick** : *La Réalité de la réalité, Faites vous-même votre malheur,* éditions Le Seuil, 1978 et 1984.

— **Yves Wikin** : *La Nouvelle Communication,* éditions Le Seuil, 1981.

# CONCLUSION

Quelques idées ont servi de toile de fond à cet ouvrage et en conclusion, nous les rappelons brièvement dans un souci de clarté et de précision.

Tout d'abord, nous avons construit notre démarche en plaçant la vente dans le contexte de la relation humaine. Cela signifie essentiellement que nous mettons l'accent sur la compétence de la personne : en tant que formateurs nous cherchons à développer les qualités individuelles de nos stagiaires au lieu de tenter de les métarmophoser en robots interchangeables.

Cependant, contrairement à beaucoup d'idées courantes dans le domaine de la formation à la vente, nous insistons sur le fait que le vendeur doit avoir une excellente compétence au niveau du produit. Même s'il apparaît parfois que le client n'a que faire des aspects techniques, l'assurance et la crédibilité du vendeur passent par une parfaite connaissance du produit.

Nous avons également montré que la vente mettant en jeu de nombreux critères, il était fort utile de s'intéresser à ceux du vendeur avant de chercher à connaître ceux du client. Cette démarche s'inspire d'une idée propre à la P.N.L. qui affirme que nous construisons notre réalité, autrement dit nous sélectionnons en fonction de nos sens, de notre culture et de notre histoire personnelle les éléments de l'environnement qui nous semblent à notre portée.

Cela signifie qu'une démarche commerciale cohérente se prépare avant la rencontre du client de façon à permettre au vendeur de prendre connaissance de sa réalité personnelle. Si nous considérons les ventes qui n'aboutissent pas, nous constatons qu'en grande partie l'échec provient d'une limite que le vendeur s'impose inconsciemment. Ces limites se situent essentiellement au niveau des critères et des idées reçues qui provoquent des blocages chez le vendeur. Cette constatation nous a permis de construire des stratégies pour objectiver ces limites et pour les remettre en question.

Nous avons aussi développé l'idée qu'il est toujours possible d'apprendre une compétence ou une qualité en refusant énergiquement la fatalité du « don ». Il existe bien entendu des personnes particulièrement habiles dans le domaine de la vente, mais cela n'a rien à voir avec un quelconque pouvoir magique, seulement avec l'application de stratégies appropriées.

Dans nos techniques, nous privilégions l'observation attentive parce qu'elle nous donne toutes les informations dont nous avons besoin pour atteindre nos objectifs.

Enfin, nous avons montré tout au long de cet ouvrage que le résultat de nos observations ne pouvait en aucun cas servir de jugement de valeur à propos de nos partenaires. Quand on cherche à juger les autres cela traduit généralement un désir de réduire la réalité à des dimensions rassurantes, mais cela ne garantit en fait que l'apparition de mauvaises surprises. En appliquant les techniques de la P.N.L., qui ne permettent pas de porter de jugements de valeur, les relations humaines deviennent rapidement une source d'enrichissement et une inépuisable réserve de découvertes passionnantes.

Composé par I.P.G.
Achevé d'imprimer sur les presses
de l'imprimerie de l'Indépendant
53200 Château-Gontier

N° d'éditeur : 913
N° d'imprimeur : 11448
1ère impression : avril 1989
Dépôt légal : mars 1990

*Imprimé en France*